纵横天下一张嘴

急脚大师 著

北京联合出版公司
Beijing United Publishing Co.,Ltd.

你是否感觉自己讲话别人不愿意听？你是否常常羡慕那些口若悬河的人？你是否想学习口才大师们的顶级说话技巧？你是否想拥有一张纵横驰骋的嘴巴？你是否想凭借出色的口才劈开前进道路上的荆棘丛？来跟古代名嘴们学一手吧！这里有中国历史上顶级口才大师们的有趣故事，让我们一起向祖师爷们学习说话技巧和生存智慧。

高效的沟通方式，不是滔滔不绝、唾沫横飞的个人表演，而是善于站在对方的角度上考虑问题，将自己的诉求与对方的利益紧紧地捆绑在一起，真正理解对方的感受，从而达成合作共赢。来到异国他乡的范雎如何将自己的前途与秦王的地位紧密地联系起来？蔡泽又如何让范雎高高兴兴地让出宰相的位置？"风险投资家"吕不韦如何将自己包装成拯救他人的天使？"两朝不倒翁"吕夷简又如何在权力的旋涡中安稳地行走？

在劝说他人的时候猛灌鸡汤、强打鸡血，会让人反感而厌恶。要善于采用搞笑幽默的方式让他人放松心情，卸下戒备。"脱口秀大师"淳于髡用风趣的隐语说得他人在哈哈大笑中悟出人生的哲理；"吐槽之王"东方朔用搞怪的方式引起了君王的注意与喜欢；"段子高手"纪晓岚用扮演"捧哏"的特长化解了人生的危机与风险。除了幽默的笑话，还可以用生动的故事、寓言来与对方套近乎，拉近彼此的距离，往往事半而功倍。陈轸用画蛇添足的故事劝退了敌人的进攻，触龙用孩子的教育问题激发了太后的兴趣，韩安国用"苦情大戏"引起了皇帝的共情。

针对不同的人要用不同的说服方法，如果他患得患失、犹豫不决，可以用虚张声势或展示实力的方法来震慑。苏秦游走于六国，软硬兼施，促成六国联盟；张仪奉献于秦国，威逼利诱，拿下他国君王；甘罗年纪虽小，却精于借力放大招。

但是，一切技巧都建立在绝对的实力之上。口才最高的境界是无招胜有招，一句顶万句。魏徵之所以敢犯言直谏，是因为他学识渊博、品行端正；郭子仪之所以能单骑闯敌营，是因为他战无不胜、名声在外；宰相王旦之所以令众人敬佩，是因为他宽容大度、慧眼识珠。说服他人，必须得自己行！耍嘴皮，必须得有"撒手锏"。

全书用生动通俗的语言讲述了古代口才大师们的高能谈判瞬间，以及他们化解各种人生危机的方法，在精彩的具体实战中解说、分析了大师们沟通、说话的实用性技巧。让我们在笑声中，不知不觉地提升自己的口才与智慧吧。

目录

第一章　我说，我的眼里只有你

滔滔不绝比不过实惠礼包。

第二章　搞笑，不过是咱表面的掩饰

喜剧比悲剧更能让人接受，适度地幽默搞笑，可以缓解紧张尴尬的气氛。

第三章　拿什么跟你套近乎

当你与别人不熟时，该用什么跟他拉近距离？

第四章　横刀立马，让你瞬间破防

善于创设、渲染危险情境，让对方感到无能为力，担惊受怕。

第五章　无敌，原来并不寂寞

纵横捭阖的口才背后，是雄厚的实力与渊博的学识。

我说，我的眼里只有你

滔滔不绝比不过实惠礼包。

劝说别人，不是自我陶醉式的口才表演，而是要站在对方的角度上考虑问题，将自己的诉求与对方的利益紧紧地捆绑在一起。你得让对方清楚地知道，听了你的话，他能得到什么实实在在的好处。真正打动别人的，只会是跟他息息相关的利益，而不是声嘶力竭的吆喝和花式多样的炫技。范雎来到异国他乡，将自己的前途与秦王的地位紧密地联系起来；蔡泽为了升职加薪，让宰相高高兴兴地腾出自己的位置；吕不韦虽然唯利是图，却将自己包装成拯救他人的天使；吕夷简之所以能身处旋涡却岿然不倒，就是凭他极善于将自己的前途与皇家的未来紧紧地捆绑在一起。

范雎

—— "吓唬" 你，也是为你着想

"惨"就一个字

战国初期的魏国堪称培养人才的"黄埔军校"，各派学说的老师在魏国四处招收弟子，收费合理，包教包会。出身于魏国底层的范雎也有幸习得了一身本领。可是，重视人才的魏文侯去世以后，魏国用人的标准变了，凭借才干一步登天的时代也一去不复返了。

家境贫寒又没法筹集活动资金的范雎，只能在魏国中大夫须贾门下打杂。

当时，齐湣王掀起了秦齐争霸的斗争。发动垂沙之战，大败楚国。函谷关之战（前298），击溃秦国。此外南割淮北，西侵三晋，打下宋国，甚至想独吞了周王朝，自称天子。因为四面树敌，连年战争，历代君王积累的财富很快被挥霍一空。燕国为了报仇，派名将乐毅带领燕、楚、魏、赵、韩五国联军攻破了齐国七十二城。齐湣王在逃跑的路上被楚国将领淖齿杀掉了。齐襄王继位之后，在传奇名将田单火牛阵与反间计的帮助下重新夺回了失去的城池。

魏王派大臣须贾出使齐国，范雎作为陪同人员一起前往。心怀怨恨的齐襄王很不礼貌，指着魏使训斥："你们魏国就是个反复无常的国家，如果不是你们落井下石，参与五国的联合行动，我老爸（齐湣王）也不会死得那么惨。"

须贾涨红了脸，一句话也说不出来。主人受此侮辱，该是表现的时候了。范雎在一旁说道："之前，你们齐国骄横残暴，引起了各个国家的不满，单单只有我们魏国攻打你们吗？如今您文武双全，应该重振齐国的雄风。若是斤斤计较之前的恩恩怨怨，一味责怪别人，却不知道反思自己，恐怕又要重演您父亲的悲剧了。"

此时的齐国刚刚经历战争，元气大伤，齐襄王也只是过过嘴瘾而已，绝不敢再与大国为敌。范雎早就深入分析过齐国的处境与形势，才吃定了齐襄王，给你戴顶高帽子，再甩你大脸子。

齐襄王看看须贾，又看看范雎，微笑地点点头，人才啊，留住他！当天晚上就派人过来劝说范雎："年轻人，要不留在咱齐国吧？要什么你尽管开口！"齐襄王在"招聘"的时候，没有注意时间与地点，应该等范雎回到魏国以后，再派人单独前往。他是陪同主人——须贾来的，白天在朝堂上已经抢了主人的风头，晚上你又直接上门"挖墙脚"，须贾的面子往哪里搁？齐襄王如果不是故意挑唆须贾、范雎主仆的关系，就是智商不在线。

范雎自然严厉拒绝（内心未必这样想）："我与魏国使团一同来的，却不一道回去，这样既不讲诚信，也不讲义气，我以后还怎么做人呢？"

齐襄王更加尊敬范雎了，赠送了十斤黄金以及美酒等礼物，小伙子，有空常来齐国玩！

唉，齐襄王你自己智商低也就罢了，干吗拉上我啊？你老人家这是想拉拢我，还是想陷害我？范雎赶紧向闷闷不乐的主人须贾报告了齐王派人来的事情。

须贾皮笑肉不笑地说："黄金太贵重了，还给他们。美酒嘛，你留下自己喝吧！呵呵！"

年轻的范雎没有经验，他以为主人真的不会多想了。可是，等到一行人回到魏国之后，须贾秋后算账，老子的风头、威严全被那小子搞没了。得给自己这次外交失误编一个合理的解释。

于是就有了"故事大王编故事"。

须贾第一时间跑到相国魏齐那里，上演了影帝级别的表演，哭诉道："都怪范雎那小子，不经我的同意，私受贿赂，出卖情报，他肯定早就暗通齐国了。不信您问问，齐王私下给了他多少财宝？如果不是他从中作梗，我怎么会被齐王骂得狗血喷头呢？"

魏齐是魏国贵族，根本瞧不上底层的人，不经调查就把范雎抓起来一顿暴打，看你这贱人还敢不敢叛国！

范雎被打成了血淋淋的一团肉球，肋骨断裂，牙齿脱落，一个字——惨！唉，装死吧！他具备一个顶级演员的自我修养，屏住呼吸，闭起眼睛，直挺挺地躺在地上装死，骗过了大伙儿。下人向正在饮酒吹牛的魏齐报告："主人，不好意思，我们把那小子打死了！"

"恶心的玩意儿，用草席一裹，扔到粪坑边去吧！"正在搂着美女喝美酒的魏齐一阵反胃，"老子正在享乐，你们却跑来报丧。都怪那臭小子，扫了老子的雅兴。你们几个听令，轮流往他尸体上撒尿，让所有的人好好看看叛徒的下场！"

喝了很多酒、憋了许多尿的诸人纷纷立定，轮番上场，一波接一波的"大雨"倾泻在范雎的"尸体"上。考验演技的时候到了，忍住就是胜利。不管多少小便，不管多么恶心，都要挺住！

大伙儿终于尿完了。范雎赶紧起身，抖一抖身上的液体，拼命地逃跑了。魏国人郑安平听说了范雎的本领与遭遇，把他藏了起来，为了掩人耳目，给他改了个名字叫张禄。郑安平想办法接近了出使魏国的大秦使臣——王稽。一向积极寻找人才的王稽闲聊道："你们魏国可有什么贤能的人啊？"

机会来了，我虽然不是人才，但那个半死不活的范雎是啊！只要他飞黄腾达了，我的好日子还会远吗？郑安平说道："我们乡里有位张禄先生，很有本事，想求见您，谈谈天下大事。不过，他有仇人，白天不敢出来。"

"哦？有意思！"王稽说道："那晚上你跟他一起来好了。"

夜晚的"面试"正式开始！

听完张禄的观点，王稽惊呆了。这个年轻人的确有两把刷子，三言两语就能抓住事情的本质。没说的，跟我走！为了顺利地接走张禄，王稽让他混进了秦国使臣的队伍。

回到秦国，王稽大力推荐张禄，自己想要发家致富，必须让上面重用张禄才行。

秦昭襄王摇摇头，我不信！他本来就不喜欢咋咋呼呼的策士，觉得那些人没有原则、没有品格，为了利益什么话都能说，什么事都能干，吹牛谁不会？再说，秦国越来越强大，干吗重用一个没名气的人？他并未给张禄面试的机会。但是，秦国的用人制度很健全，对各路人才来者不拒，即便不任用，也会提供免费食宿，先待着吧！将来需要的时候，再叫你。

没想到，这一待就是一年多。

再这么等下去，不仅花儿要凋谢了，我也得谢顶了。必须让大王看到咱的真实水平！张禄左思右想，收集情报，仔细分析秦国的形势，深入了解秦昭襄王现在的困境与担忧：穰侯、华阳君是秦昭襄王母亲——宣太后的弟弟，而泾阳君、高陵君是昭王的同胞弟弟，这些人在宣太后的袒护下，掌控了秦国的各个重要部门。他们已经严重威胁到秦昭襄王的位子和面子了。

张禄站在巩固对方权力、消除潜在危险的角度上，写了一封极为特别而又吊足秦王胃口的求职信，大致意思是：但凡一个国家有圣明的君王，诸侯就不能独揽大权，独享富贵。只有君王才应该掌握分割诸侯、提拔人才的权力。不管怎样，希望您给个机会，听听我的主张吧！有些话我不敢写在信上，一些浅显的话又不值得写。希望您能在休闲娱乐的时间里挤出那么一点，让我拜见您一次。如果我的谈话没有价值，不能打动您，我甘愿人头落地。

投简历投得以死相许，奇人，奇人！

与众不同的求职信成功引起了秦昭襄王的兴趣，特派"专车"去接人。我倒要看看他有什么本事。

为了提高面试的成功率，张禄再一次大胆策划，继续挑动秦昭襄王的神经。他下车以后，正好看到秦昭襄王回宫，就一个劲儿地往里闯。侍卫们大声呵斥道："滚开，没见到大王来了吗？这是你走的路？"

火候刚刚好！张禄故意大声喊叫："大王？秦国哪里有大王？只有太后和穰侯罢了。"

"嘿，不想活了，是吧？"

侍卫们正准备动手，秦昭襄王却赶紧走过来，亲自迎接"求职者"，并谦卑地说道："我本该早点向您请教，一直忙于公务，还得常常跟太后请示，实在不好意思了。我这个糊涂人向您赔礼了，请不要生气！"

一旁的吃瓜群众不淡定了，这土老帽儿是从哪里蹦出来的，大王竟然如此待他？

试探，试探，再试探

在战国时期，拥有顶级人才就意味着国家的强大与地位的稳定，所以像秦昭襄王这样卑躬屈膝地对待人才的君王不在少数。何况张禄的话成功地击中了他的痛点、难点和堵点。

来到宫中，秦昭襄王支走身边的人，恭恭敬敬地对张禄说："先生有什么要赐教于我的吗？"

这场"面试"搞不好就会脑袋搬家，得先探探对方的底线！这不仅是秦昭襄王"面试"他，也是他"面试"秦昭襄王。

张禄憋出两个语气词："嗯！嗯！"

秦昭襄王继续追问："先生有何赐教？"

"嗯！嗯！"

"……"

"嗯！嗯！"

这小子是生气了，还是就只有这两把刷子？"嗯！嗯！"是什么意思？装酷，耍帅，还是不敢说话？

"您真的不愿意赐教吗？"秦昭襄王躬身问。在战国时代，君王们不像后世帝王那样唯我独尊，因为他们都有强烈的危机感，没有人才帮忙，国家随时会被人吞并。

　　胃口吊足了，对方的确诚意满满，没什么好担心的了。张禄终于开口了："如今我不过是寄居异国他乡的小人物，您对我也没什么特殊的感情。但我将要说的话乃是关乎大王与亲人关系的大事。我一开始并不知道大王的诚意，所以您问我三次，我都没有回答。我不是不敢说，而是怕说了没有用。如果大王听从我的建议，我就算死了也值得。

　　"再牛的人也挡不住死神的召唤。像三皇五帝那样圣明的君王都去了天上，像春秋五霸那样强悍的君主也都成了泥土。乌获、任鄙那样力大无穷的人，成荆、孟贲那样勇猛威武的人，最终也不免一死。

　　"死亡是每个人无法避免的。如果能给秦国带来好处，我怎会怕死呢？我所担忧的，是天下人看见我为君主尽忠进言却遭到死罪，从此以后，他们就会闭口停步，都不愿意为秦国献策了。现如今，您既屈服于太后的威严，又被奸臣的行为所迷惑，困在深宫禁院，没人辅佐，无法辨别邪恶阴险的小人。长此以往，国将不国，王之将死。这就是我所害怕的！如果秦国得以大治，您得以掌权，就算我死了，会比活着更有意义。"

　　（张禄说了半天，还没切入主题，看似废话连篇，实则步步为营。一来继续吊起秦昭襄王的胃口，二来为后面将要说的话作铺垫。您看我后面的建议虽然极为冒犯，但是绝对干货满满。您要真的因此杀了我，或者您将来无法保护我，还有谁会投奔秦国呢？将自己的性命与人才的选择、国家的强大绑定在一起。）

秦昭襄王（相对而坐）谦虚地说道："先生这是什么话？寡人愚笨，您是上天派来保佑我的啊！能听到您的教诲，三生有幸。从此以后，上至太后，下到大臣，无论关于谁，什么事，希望您能毫无保留地指教我，不要犹豫不决。"

张禄悬着的心终于放下来了，他向秦昭襄王拜了两拜。秦昭襄王也连忙回礼，拜了两拜。前戏已经做得够足了，请开始表演吧。

"大王的国家，四面都是坚固的要塞。北有甘泉高山、谷口险隘，南有奔腾的泾水、渭水，右边是陇山、蜀道，左边是函谷关、肴阪山，雄师百万，战车千辆，进可攻，退可守，这是称王称霸的绝佳条件啊！百姓不敢因私事而争斗，却乐意为国家而战死，这是一统天下的群众基础啊！现在大王同时兼有天时、地利、人和的条件，如果去攻打其他国家，就好比一流的猎犬去捕捉残疾的兔子，还有不能成功的吗？（先是一顿吹捧，燃起对方的野心。您看看，您拥有这么好的条件，怎么就没当上天下霸主呢？可惜了，可惜了！）

"可是，您看看现在的秦国，依旧闭关自守，缩在西边的角落里，不敢出兵，不敢称霸，这是为什么呢？因为您手下的穰侯等人不肯尽忠职守，不愿帮您出谋划策。"（给对方台阶下：不是您不行，而是您周围的人不行。前面的废话就是为了引出重点，因为挑拨亲戚之间的关系，很容易被人抓住把柄，遭到一顿暴打，像之前一样被丢进厕所。范雎也害怕啊！到处都有穰侯和太后的亲信，也许他们就躲在某个角落里偷听，之前他不在信上写清楚建议，也是这个原因。万一秦昭襄王用人的诚意不够怎么办？万一他铲除阻碍势力的决心不大怎么办？）

秦昭襄王又说："我愿意听一听失策之处！"急死人了，上硬菜吧！

事先仔细分析过各个国家政策得失的张禄说道："从前，穰侯越过韩、魏两国，去进攻遥远的齐国，不是好计策。秦国跟韩、魏两国又不是生死之交，他们凭什么让你们带领军队经过自己的领土？先前，齐湣王向南攻打楚国，杀楚人，斩楚将，开辟了千里之外的领土（当时的楚国在韩国、魏国旁边，不跟齐国接壤）。可是，他最后得到土地了吗？难道是他吃饱了撑得慌，打个仗玩一下，而不想得到土地吗？他没办法越过韩、魏两国啊！谁让他打下的土地在别国的旁边呢？人家岂能让你独吞？原先打下的楚国故地，轻而易举地成了韩、魏两国的嘴中肉。这不是在消耗自己而便宜别人吗？（分析之前政策的失误：辛苦打天下，却为别人做嫁衣。联合身边的国家打赢跟自己不接壤的国家，有什么用呢？）

"您不如远交而近攻（远交近攻），先跟远方的国家结交，稳住他们，再腾出手来攻占周边国家的领土。这样，您打下的任何地方都是自己的，您想干什么，不需要跟别人打招呼，直接从自己的地界上跨过去就行。如此一来，向前推进一米，就有一米的土地；向前推进一百米，就有一百米的土地。您先亲近韩国、魏国，借此威胁楚国、赵国。楚国不听话，您就亲近赵国；赵国不听话，您就亲近楚国。到时楚国、赵国的大王都跟您手拉手，哥俩好，齐国就会害怕，必然会花钱消灾，送礼过来。齐国、赵国、楚国跟您亲近了，您就可以甩开膀子，迈开步子，一步步吞掉跟秦国接壤的韩国、魏国了。"（张禄的策略就是让秦国的利益最大化，"资产重组"最优化。）

这就是范雎（即张禄）提出来的著名的"远交近攻"战略，消灭众多的敌人，得排出先后，各个击破。"远交近攻"也成了秦国统一天下的基本策略。先跟远方的国家搞好关系，你好我好大家好。然后，一点点吞并身边的国家，领土也就一点点地扩大。等远方的国家清醒过来，一切都晚了。

给他们一块骨头啃啃

秦昭襄王很冷静，这个方法好是好，但如何亲近别的国家呢？你得有具体的办法啊！他又抛出一个"面试"难题："我也想亲近魏国，可它是个变化无常的国家，如何才能亲近它？"

要想做事成功，必须事先预判可能碰到的各种问题，范雎早就准备了一系列的方案。

"大王可以先说好话或者送厚礼来拉拢它，不行的话，就割让土地收买它（反正迟早会打回来的）。再不行，就寻找机会和借口敲打它。"先拉拢你，给你甜头。敬酒不吃，就别怪我翻脸无情了。

干脆，直接，有效！

秦昭襄王终于露出了笑脸，听君一席话，胜读十年书。范雎因此获得了秦昭襄王的火速提拔与绝对信任。

通过策士游说离间、送钱送美女、给地给面子等一系列手段，稳住了其他国家之后，秦国腾出手来专攻离它最近的魏国，接连拿下多个城池。但是，灭掉整个魏国会引起其他国家的激烈反抗。但各位好兄弟请放心，我只不过想扩大点地盘，不会灭了它的。接着，秦国又转移视线，攻打韩国，拿下了大小几十座城池。等打得差不多了，再派人拉拢魏王、韩王：兄弟，不好意思，我们秦国太穷，没办法，只是借点钱花花，借点土地种点粮，并不想灭掉你们，更不想把您二位赶下台啊！

魏王、韩王很无奈，打吧，打不过！吼吧，没有用！既然你不要我们的命，那就算了吧！丢点土地、百姓没什么，只要咱们还能继续稳住位子，吃喝玩乐，就当花钱消灾吧！后面的事只能留给后人解决了，咱们今朝有酒今朝醉！

打一枪换一个地方，并非出于仁慈，而是出于谋略与无奈。

在不断的对外战争中，秦昭襄王和范雎逐渐掌握了军队的实权，他们开始向秦国内部势力动刀了。

当初，秦昭襄王之所以迫不及待地重用范雎，除了对方谋略超群之外，还由于自己身边无人可用。朝政几乎由宣太后及穰侯等外戚势力掌控。宣太后为巩固自己的权势和地位，封魏冉（宣太后异父兄弟）为丞相、穰侯，胞弟（宣太后的同父弟弟）芈戎为华阳君，儿子嬴悝为高陵君，嬴市为泾阳君。这些人形成了一个牢不可破的利益集团，号称秦国"四贵"。他们仗着宣太后撑腰，根本没把主子放在眼里。

现在，范雎已经成了秦昭襄王的绝对心腹，终于可以放大招了。

有一天，范雎趁着秦昭襄王苦闷的时候，直截了当地说道："我曾经听说过齐国田文（孟尝君）的礼贤下士，从没听说过齐王的英明神武。现在，我只听说秦国有太后、穰侯、华阳君以及高陵君、泾阳君，从没听说有秦王。臣子的名声超过了大王的名声，还有您什么事吗？能独掌大权、乾坤独断的人才算真正的君王（没有权力的大王有个什么劲？直接撕开了秦昭襄王内心的痛）。如今太后独断专行，穰侯出使国外从来不向您报告，高陵君任免官吏也从不向您请示，华阳君、泾阳君更是随心所欲，想干啥就干啥。这四种势力盘踞在秦国，您怎么可能没有危险呢？（始终站在对方的角度上，分析他的困境和危险。）

"想要推行自己的主张和想法，必须要集中权力，收揽人心。穰侯掌控了国家的外交，想打哪里就打哪里，如果打了胜仗，好处自己拿；如果打了败仗，祸患国家扛。有诗歌说道：'树上结的果实太多，就会压折树枝；树枝断了，就会伤害树心。封地太大就要危害国都，抬高臣子就会压制君主。'（引用名言来增加说理的效果，让对方形象地感到压力。接着，又列举了大量别国存在的事实。）

"从前，崔杼、淖齿在齐国专权，崔杼杀死了齐庄公，淖齿抽了齐湣王的脚筋，又把他悬吊在房梁上，折磨一夜之后，再让他痛苦地死去。（用具体形象的细节让秦昭襄王害怕：你要是不听我的建议，将来肯定会跟他们一个下场。想想吧，被臣子剥了皮，抽了筋，是什么滋味。）李兑在赵国专权，把赵武灵王囚禁在沙丘的皇宫里，活活饿死了自己的主子。（想想吧，英雄一世，结果连饭都吃不到，是什么心情？）

"如今，我听说秦国的太后、穰侯专权，高陵君、华阳君和泾阳君结成团伙，他们不就是淖齿、李兑一类的人物吗？您仔细分析夏、商、周三代亡国的原因，君主把大权全都交给宠臣，自己吃喝玩乐，不理朝政。而那些宠臣呢？一个个妒贤嫉能，瞒上欺下，谋取私利，从不为国家考虑。可是，君主又不醒悟，即便反应过来，也来不及了。现在，秦国从小官到大臣，再到大王的左右侍从，没有一个不是相国穰侯的亲信。

"我看到大王孤零零地一个人站在朝堂上（范雎的说理善于使用细节描写，直观形象，让秦王身临其境地感受到：

我的确好孤独啊），真替您担忧。恐怕您百年之后，秦国就不是您子孙的了。"（即便使用施压手段，也是站在为他人着想的立场上，让他明白不听你的劝告，他会失去什么，他的子孙会失去什么。）

如果不事先取得国君的绝对信任，说出这样言论的人很有可能被定性为挑拨离间。因为那些人既是秦王的亲人，也是他的恩人。当年，穰侯拥立秦昭襄王继位，秦昭襄王重用战神白起，开疆拓土，功劳巨大。

范雎将自己的飞黄腾达与秦昭襄王的地位和前途绑定在一起，牢牢抓住了秦昭襄王内心的恐惧与担忧。秦昭襄王只是碍于亲情，迫于形势，一直不好意思表露出愤怒与不满罢了。范雎则添了一把火，先给秦昭襄王施压，再摆史实，举例子，引名言，看看别人的下场吧！您再优柔寡断，那就是您的将来。

秦昭襄王摸着冷汗直冒的脖子、额头，说道："您说得对！"

很快，他在范雎的辅佐下，以雷霆之势废除了太后特权，将穰侯、高陵君以及华阳君、泾阳君驱逐出京城。我不杀你们，但你们得找个凉快的地方待着去。之前，我是不好意思，现在我要位子和面子。

　　范雎也走上了升职快速通道，从流浪汉逆袭成了秦国的宰相，受封应侯。

　　地位稳固了，野心也开始膨胀。秦国的土地面积正在逐步扩大，动不动就跑到隔壁国家砸人家场子。其他国家受不了啦，纷纷召集策士、谋士齐聚赵国，参加"如何联合攻打秦国的研讨会"。

　　秦昭襄王急了，咋办啊？咱是不是太高调了？

　　范雎很淡定，我曾经也是策士和谋士，还不知道这帮人想要什么吗？不就是钱嘛！他微笑着对秦昭襄王说："大王不必担心，我分分钟瓦解他们的联盟。那些策士、谋士乱叫，不过是想升官发财而已。（一个优秀的策士必然是深通人性者，站在他人角度上，将心比心，推己及人。那些要嘴皮子的人，谁不想要升官发财呢？他们为了利益团结一致，我就让他们为了更大的利益相互开撕。）

　　"待我扔块骨头过去！"

失去的，我一定要拿回来

　　范雎派属下唐雎用马车装载着大量的美女、金银，到赵国都城举办"狂欢派对"，对外放出土豪语录："兄弟们，谁愿意来拿黄金啊？谁愿意来抱美女啊？免费送惊喜，等你来拿！先到先得，过期不候。"

策士们像黄河决堤一般，疯狂地冲向"派对"地点。大家围攻秦国是为了什么啊？不就是荣华富贵吗？现在不用牺牲，不用乞求，就可以得到金子，谁还愿意冒死去打仗？谁还愿意去浪费口舌？

一波不够，再来一波，金钱的热浪滚滚袭来！范雎又甩出五千金给唐雎："你到赵国只管撒钱，我不管你怎么花，给了谁。只要完成任务，花了多少钱，都可以找我报销！"

唐雎的钱还没撒完，主张围攻秦国的策士们、谋士们纷纷撕开"名门正派"的伪装，抢黄金，起内讧。拿着金子，带上女子，逍遥快活去了！

范雎硬是将"如何联合攻打秦国的研讨会"开成了"如何与秦国搞好关系的战略沟通会"，抗秦联盟瞬间瓦解了。果然还是同类了解同类，范雎出手，快、狠、准！

做了相国之后，秦国人仍称范雎为张禄，没人知道他的真名。有一天，须贾奉命出使秦国，范雎装扮成落魄的流浪汉，在"不经意"间碰到了须贾。见到没死的范雎，须贾惊讶得嘴巴无法合拢，这孩子，命真硬，还没死啊？顿时起了恻隐之心，唉，一起吃个饭吧！你现在怎么混成这个样子啊？他赶紧送了一件衣服给范雎，来，老范，穿上吧！

啊？看来须贾良心还未泯灭。听说对方想要拜见宰相张禄，范雎亲自驾车，我带你去！来到相国府，须贾才知道，原来张禄就是范雎，范雎就是张禄。嘿，这可如何是好？

"您真的就是那个张禄？"

"对，就是那个张禄！"

须贾吓得感觉头颅像寺庙里的大钟，嗡嗡作响。这下玩完了！连连叩头，自称死罪："我现在啥都不敢说了，任凭您处置。"

范雎质问道："你的罪状有多少？"

须贾早已汗流浃背："拔下我的头发，也不够数啊！"

这还差不多，有自知之明！

范雎愤怒地指责道："你之前在魏齐面前说我的坏话，这是第一条罪状；当魏齐把我扔到厕所里肆意侮辱我的时候，你不加制止，这是第二条罪状；你喝醉之后，居然往我身上撒尿，这是第三条罪状。但是，从今天赠送我衣服的情形看，你还算有点良心，所以我放你一条生路。"数出你的罪状，然后放了你，证明我是个恩怨分明的人。但不代表我不计较你曾经的无礼。

你刚才请我吃饭，现在我也回请你一顿。范雎命人拿来马槽，里面装满了牲畜吃的饲料，然后示意须贾，要不趴下去吃点？放开吃，管够！

唉，须贾一把鼻涕一把泪，早知今日，何必当初呢？吃吧，不在咱身上撒尿已经很不错了。

有仇必报，有恩必还，这就是范雎。他放过了须贾，却没饶过另外一个人。他放出狠话："你们回去之后，速速将魏齐的人头送来，否则，我将率兵荡平你们的都城大梁。"

须贾吓得魂飞魄散，将实情禀告了魏王。魏齐后悔不已，没想到一条臭咸鱼也能翻身，为今之计，只有逃！他连夜逃到了赵国，藏在平原君赵胜的家里。秦昭襄王为了让范雎对自己忠心耿耿，决定替他出口恶气。他骗平原君出使秦国，然后派人警告赵孝成王："不砍下魏齐的头，你的叔父（赵胜）就别想回家了。"魏齐两眼一抹黑，只能回国请求信陵君魏无忌帮忙。面对强大的秦国，魏无忌犹豫了，保护一个人，就要牺牲千万人，值得吗？

魏齐彻底绝望了，唉，如今的我就是丧家之犬，无人疼，无人爱。与其被人羞辱，不如自己走向黄泉路！于是举起宝刀，引颈自刎。赵孝成王第一时间向范雎送上了魏齐的人头。

快意恩仇乃大侠风范，有人说范雎气量狭小，试问哪个人在受到那样不公正待遇、非人般侮辱的情况下能够宽容大度？哪个冤种被人打得半死、被人浇尿之后，还会笑嘻嘻地说"算了"？范雎对瞪过他一眼的人，必定报复；对给过他一顿饭的人，也必定回报。但是，他后来的失误，也正是由于报恩。

他向秦昭襄王推荐了自己曾经的恩人王稽、郑安平。出于对范雎的信任和宠爱，秦昭襄王也没有认真"面试"，你的人，我放心！直接任命郑安平为将军，王稽为河东郡守，还特许王稽三年之内不用写总结、交汇报。你拿着工资，只管干，我不考核你的业绩。

只可惜，这两人实在不争气。

郑安平领兵攻打赵国的时候，被人团团包围，情急之下，居然带领两万人主动投降。他自己投降也就罢了，还把秦国的军队当作资本搭进去。投敌叛国，乃是大罪，必须满门抄斩。按照秦国的法令，被举荐的官员犯了罪，举荐人也要受罚。一时间，秦国大臣们纷纷要求处置相国。

范雎胆战心惊，只能主动请求秦王治罪。

看着这个为自己立下汗马功劳的人，秦昭襄王摇摇头，下令道："凡是再议论郑安平事件的，我就杀他全家。"为了安抚范雎，秦昭襄王还派人送来美酒美食。你知恩图报没有错，喝口小酒压压惊，别抑郁了，伤身体！

范雎瞬间破防，好大王，什么都不说了，全在这杯酒里。从此以后，我对你誓死相随。可是不久之后，王稽也犯下大错了，竟然勾结外敌，最终引来了杀身之祸。

人设崩塌，范雎迷茫，就算秦王宽容大度不计较，他也没脸见秦昭襄王了，是不是该考虑退位让贤了？恰好此时，策士蔡泽送来了一波"神助攻"。

特别会说话的小技巧

1. 说私密话之前，得先仔细反复地试探对方的底线和原则。

2. 适当的时机说适当的话。善于观察对方的表情、心理与处境，仔细分析辨别说话的时机与场合。

蔡泽

——一张嘴说服了丞相退位让贤

挑动你的神经

范雎因为自己举荐的郑安平和王稽屡犯错误，陷入了深深的惶恐之中。主动退位？心有不甘，好不容易获得今天的成功和地位，难道要拱手送人吗？继续工作？心中愧疚，大王对我恩重如山，我又怎能让他为难？

早年曾周游列国、谋求官职却始终没得到重用的策士蔡泽看到了隐藏的"商机"，现在劝说范雎退位让贤正是时候。可对方乃同道中人，辩士们的招数和技巧，他一清二楚。如果直接上去游说，很有可能被拒之门外，那就让对方主动找上门来。

蔡泽先派人去挑动范雎的神经："有一个燕国来的宾客，

叫蔡泽，是个见识超群的智者。他若是见到秦王，必定会鼓动秦王剥夺您的权力。"（用夸张的方式激起对方的好奇，让他主动来找你谈话。）

什么？三皇五帝的智谋，诸子百家的学说，哪一样我不知晓？那些巧言善辩的策士敢在我面前耍嘴皮子？待我会会他，我倒要瞧瞧他有什么三头六臂？蔡泽的话成功地激起了范雎的斗志。

目的达到了，蔡泽笑了。见到范雎之后，他故意不行大礼，只形式化地作了个揖。

范雎火了，吹牛也就罢了，居然还这么傲慢！不知道的，还以为你是宰相。他立即斥责道："你曾扬言要取代我做秦相，可有这事？"

"有的！"蔡泽直言不讳，又成功勾起了范雎的好胜之心。

"哦？说来听听！"

"一年之中，春、夏、秋、冬四季更替，完成各自的使命之后，便会悄然谢幕。身体强健，手脚灵活，耳聪目明，这难道不是大家所希望的吗？"（由自然现象推到人类生活，是古人常见的说理技巧。）

"是的！"范雎若有所思地点点头。

"推行仁义，广施恩德，百姓爱戴，众人拥护，这难道不是明智之人期望的吗？"

"是的！"

"获得富贵，地位显赫，长寿健康，子孙享福，这难道不是圣人所追求的吗？"

"是的！"

几个反问句让范雎沉默了，谁不想有始有终呢？谁不想长久幸福呢？一个优秀的游说之士，必须是洞悉人性的高手，要明白人们内心深处最需要的、最不想失去的是什么，无外乎权力、地位、金钱、尊严、荣誉、美貌、宠爱和健康，等等。在劝说一个人之前，你得通过深入了解他的弱点和处境，了解他现在缺什么，或者担心失去什么。

该上反面教材了，让范雎看看，长期"高位运行"的人死得有多惨。

"秦国的商鞅被车裂，楚国的吴起被射杀，越国的文种被逼死，这样的结局，是他们所期望的吗？"（举出历史上真实存在的事例，更有说服力。）

范雎微微一笑，这是策士们游说的常规操作，用危言耸听的方式吓住对方，咱多年以前就用得炉火纯青了，我才不上你的当。他反驳道："商鞅效忠秦孝公，忠诚不贰，励精图治，让国家昌盛；吴起侍奉楚悼王，积极改革，坚持大义，让国家强大；文种辅佐勾践，毫不懈怠，尽忠职守，让越国翻身。这三个人乃是忠孝仁义的榜样。君子为了大义而死，死得其所。与其忍辱偷生，不如舍生取义。用牺牲来成就美名，有什么不可以？"

蔡泽笑了，果然是同道中人，说起来也是一套一套的，同一个故事分析出不同的含义。可是，哪有人不怕死的？尤其是享受着荣华富贵的人。你嘴上说不怕死，那我就给你指出一条不必死而又活得更好的道路，你肯定会对我感激涕零。

蔡泽继续说道："商鞅、吴起、文种作为大臣，尽职尽责，不忘初心，但他们辅佐的未必是明君。难道一个人非要以死来成就忠孝的名声吗？商朝的微子因劝诫纣王不成而装疯避难，孔子因周游列国遇到危险而设法躲藏，管仲因在齐国权力争夺中失败而重新选择主人。这三个人根据形势做出了灵活的选择，难道他们的行为就不值得称赞了吗？追求功名而又善于保全自身，才是人生最高的境界；功成名就而无法保全自身乃是次一等的境界；保全自身但臭名远扬乃是最下等的境界。干吗非得死掉呢？"（别人举正面的例子，我就举反面的例子。蔡泽针对范雎说的事例，举出了三个针锋相对的史实，为自己的说理服务，给对方指出了另外一条更好的路。）

范雎频频点头，说得好，说得对，功成名就而保全自身，才是最完美的人生啊！

好了，你自己主动进入我的话题了，蔡泽乘机又抛出一系列的单选题。

"论君臣亲疏关系，您能否比得上商鞅、吴起、文种？"

"比不上！他们乃是君王的心腹，我怎能跟他们比？"

"您的功劳事业比起他们，怎么样？"

"也比不上！他们让国家从弱到强，我是让国家从强到更强。"范雎很谦虚，也很明智。

该放手时就放手

"如今，秦王对您的亲近、信任程度，比不上当年秦孝公、楚悼王、越王对商鞅、吴起、文种的亲近、信任程度，而您的功劳也未必比得上商鞅、吴起和文种。可是，您的地位与富贵已经超过了他们，您却不知进退，恐怕将来您遭遇的祸患比他们三个还要严重，所以，我私下替您感到担忧与害怕（分析对方的劣势与险境）。俗话说，太阳升到正中就会逐渐偏斜，月亮变得圆满就要逐渐亏缺，此乃世间万物的规律，谁也改变不了。圣人就要应时而动，符合趋势，才能避免灾祸。您当年的仇恨已经报了，恩情也已经回馈。如今，您的地位至高无上，站在了群山之巅。您看看翠鸟、鸿鹄、犀牛、大象这些动物，大多是被诱饵迷惑而被猎杀的。苏秦曾怀揣六国相印，却贪得无厌且不知收敛，死于非命；齐桓公曾九次会盟诸侯，却因为骄横自大而众叛亲离，饿死宫中；吴王夫差曾无敌于天下，却因为轻信谗言而身死国灭，被人嘲笑。

　　"商鞅为秦孝公制定法令，推行改革，有功必赏，有过必罚，鼓励百姓耕作，抓紧军队训练，调节货币流通，奠定了秦国的功业；可是，秦国强大了，他却被车裂了。白起为秦国立下汗马功劳，攻克鄢、郢，兼并蜀汉，坑杀赵国士兵，围攻都城邯郸，成就了秦国的帝业。可是，秦国崛起了，他却被逼自杀了。吴起替楚悼王改变弊政，罢免庸才，废黜贵族，杜绝请托，推行耕战合一，向南收取了杨越，向北兼并了陈、蔡。可是，楚国安定了，他却被肢解了。文种帮勾践出谋划策，解除亡国危机，凝聚上下人心，开垦荒地农田，灭掉劲敌吴国，成就一方霸业。可是，勾践复仇成功了，文种却被杀了。（用详细的事例，突出几个人的功劳，增强说理的效果。你看看，他们的成绩一点也不比你少，甚至比你多。）

"商鞅奠定了秦国的基业，白起拓展了秦国的疆土，吴起振兴了衰弱的楚国，文种挽救了战败的越国，最后却身死族灭，这就是他们不能及时抽身的结果。（蔡泽举出自然界、历史上的现象与事例来说明，如果不知进退，下场也会跟他们一样。到那时，你还能睡到自然醒吗？离死还会远吗？）

"您看看人家范蠡，帮助勾践取得成功之后，隐居世外，做起买卖，成了悠然自得、潇洒一生的陶朱公。您看看那些赌博高手，在赢利的时候先保住成本，再分批下注，以便巩固胜利成果。如今您的功业已经达到了顶点，需要分批下赌注了。俗话说，用河水当镜子，可以看清自己的容貌；用别人当借鉴，可以明白事情的吉凶。古籍上说，功成名就之下，是不能久留的。商鞅、白起、吴起、文种的结局不就是前车之鉴吗？您为什么不现在交出相印，把它让给贤能的人，自己隐退山林、享受人生呢？如果这么做，您不仅能赢得谦让的美名，还能保住现有的富贵。那四个人的灾祸，您何必再去经受？如果不肯自动离去，犹疑不决，必定会遭遇相同的灾难。《易经》上说，龙如果飞得过高，达到顶点之后，既不能上升，又不能下降，必定感到非常后悔。难道说的不是能上不能下、能伸不能屈的情况吗？"（列举了反面的事例，又使用正面的事例、典籍中的名言、民间的俗语多方论证，进一步打消对方的疑虑。）

蔡泽并没有吹嘘自己的才华和能力，没有直接说他可以胜任相国的职位，而是始终站在范雎的立场上，用鲜活的例子、生动的俗语、圣人的名言等说明：如果你霸占位子，对你有什么危害；如果让出位子，对你有什么好处。说服别人的技巧就是不要去说服，而是让人觉得你能给他带来什么实惠，帮他解决什么困难。把自己的目标与对方的核心利益融为一体，对方得到利益的同时，也实现了自己的目标。因被朋友事件牵连而忧心忡忡的范雎恍然大悟，唉，亏我也算个顶级策士，"当局者迷"说的不就是我吗？还纠结什么呢？如今我什么都不缺了，干吗不功成身退而让位给贤人呢？得到了而不知道满足，就会失去得到的；占有了而不懂得节制，就会丧失占有的。蔡泽的确是在替我的人生和将来考虑，他说得对！不行就撤。

几天以后，范雎向秦昭襄王提交了辞职信与相印，并极力推荐蔡泽继任他的位子。最终，蔡泽摇身一变，成为大秦的相国。

想要站在对方的角度上考虑问题，你得准确掌握人内心深处最需要的是什么。权力、地位、金钱、尊严、荣誉、美貌、宠爱……你得充分了解人性的弱点是什么。虚荣、贪财、嫉妒、好色、爱美、无知、傲慢、多疑、享乐、攀比、冲动、盲从、侥幸、自卑、懒惰、迷信、怕死、固执己见、狂妄自大、优柔寡断、三心二意……这些或多或少都存在于每个人的身上。有的人因为改进，弱点越来越少；有的人因为无知，弱点越来越多。有的人善于隐藏弱点，有的人容易暴露弱点。作为一个游说之士，要找出对方的这些弱点，了解对方内心深处的担忧，把它们从对方内心深处激发出来。战国奇人鲁仲连就是善于分析人性弱点的高手。

特别会说话的小技巧

1. 当你接触不到对方之时，可以想尽办法引起对方的好奇心，让对方主动找上门来。

2. 善于使用归纳证明的方法，从自然现象、历史事实归纳出：有功之臣想要保住性命和地位，必须急流勇退。

鲁仲连

——来，吃颗"糖果"压压惊

我就这样死死地盯着你

出生于战国末期齐国的鲁仲连在策士之中绝对是个异类，他没有苏秦、张仪等人强烈的功利心，有点类似于武侠小说里的大侠客。"战国四公子"之一的孟尝君几次三番地邀他过去帮忙，鲁仲连却不愿意。咱生性自由，吃人嘴短，拿人手软，拿着你的工资，享受你的待遇，就会损害我的自由，不去！我要去喂马，劈柴，周游世界。与其为了一点点的工资屈身于人，不如安于贫贱。虽然不能想吃啥就吃啥，但是，咱能想干啥就干啥。鲁仲连四处游荡，时不时管点"闲事"，因为善于帮人排忧解难而威震天下。

公元前 260 年，秦国传奇将军白起在长平坑杀了四十万赵国士兵，又率兵包围了邯郸。赵孝成王慌了，赶紧向魏国求救。魏王命将军晋鄙前往赵国。秦昭襄王立即写信恐吓魏王，我分分钟就会灭了赵国，谁要是敢去救他，我拿下赵国之后，必定第一个弄死他。

秦王很生气，后果很严重。

魏王害怕了，咱惹不起，躲得起。于是，他命令晋鄙安营扎寨，停滞不前，先等一等，看看情况。但是，赵国那边得有个交代啊！不然以后自己有难，谁来救援？他又暗中派出使者辛垣衍，对赵王说道："以前秦王跟齐湣王争雄称帝，迫于形势又取消了帝号，但他肯定心有不甘。如果你们赵国派人去尊奉秦昭襄王为帝，他一高兴，不就自动撤兵了吗？"

当年，齐湣王接连打败了楚国、宋国，压制了魏国、赵国，灭掉了中山国，甚至差点干翻了秦国，一时间膨胀了。他自负地与秦昭襄王商议，试问当今实力哪家强。左边向西是秦王，右边向东乃齐王。要不你称西帝，我称东帝？秦昭襄王点点头，这个可以有！结果，齐湣王犯了众怒，被乐毅率领的赵、楚、韩、魏、燕五国联军打得落花流水，在出逃的路上被人杀死。

如今，陷入自我怀疑的平原君跟赵王举棋不定，真的是这样吗？真的吗？要是给个"荣誉证书"就能退兵，岂不赚大发了？

　　正在赵国游玩的鲁仲连觉得该是他上场的时候了。他见到了平原君，直接问道："您打算怎么办？"平原君双手一摊，一声长叹："我哪里敢谈论这样的大事？前不久，我们赵国刚刚损失了四十万大军。如今，秦国又围困邯郸，我们也毫无办法。魏王派了使者辛垣衍过来，说让我们尊奉秦昭襄王为帝。他如今还在这儿盯着，我哪里还敢谈论什么呢？"

　　鲁仲连的心里一阵凉凉，这就是闻名天下的平原君吗？遇到点问题，就畏畏缩缩？他不屑地说道："我之前以为您是贤明的人，可您现在的表现，我实在不敢苟同。魏国的辛垣衍在哪儿？我替您去责问他，并且让他乖乖地回去。"

　　此时的平原君连生气的资格都没了，赵国都要亡了，他还能说什么呢？只能谦卑地说道："我来为您引见辛垣衍。"一听鲁仲连的名字，辛垣衍连忙摇头，那张破嘴一开口，大地都要抖三抖，何况是我呢？他摇摇头，说道："我听说过这位先生，是个道德高尚的人，但我乃魏王派来的臣子，奉命出使，身负重任，还是不见了吧！"

　　平原君说："他已经知道您在这里了，见见吧！"

　　唉，躲是躲不掉的，辛垣衍只好硬着头皮答应了。

　　鲁仲连慢悠悠地走来了，先打个心理战，直勾勾地盯着辛垣衍一言不发。辛垣衍的心里发毛，这家伙想干吗？他实在忍不住了，问道："此时此刻，选择留在邯郸城中的人，都是有求于平原君的。您也不像是有求于他的人，为什么不赶快离开呢？"你这个家伙不要官帽，不要钱财，难道喜欢受虐吗？

我看该走的人是你吧？鲁仲连开口了："秦国是个什么国家？抛弃礼仪，只会杀人。对待士兵，狡诈欺骗；对待百姓，高高在上。如果让这样的国家一统天下，咱们还有好日子过吗？到那时，我绝对会跳进东海，不做它的奴隶。我来见您，是打算帮助赵国的啊！"（震慑对方，给你展现恐怖的将来，秦国一旦称霸，咱们都没好日子过。）

辛垣衍不屑一顾，大话谁不会说？他问道："您怎么帮助赵国呢？"没有干货，光画大饼吗？

鲁仲连微微一笑，自信满满地说道："我要请魏国和燕国前来帮忙，而齐国、楚国肯定也会很快赶来，他们本就跟赵国同一条阵线。"

辛垣衍也笑了，大名鼎鼎的鲁仲连就这水平？他说道："燕国嘛，我相信您会说服它。至于魏国，我就是纯魏国人，您怎么能断定魏国会帮助赵国呢？"

"呵呵！那是因为魏国人没看清秦王的本来面目，只要明白了秦王称帝的祸患之后，你们肯定会帮助赵国的。"说服对方，首先得自信，镇得住场子。

"秦王称帝后会有什么祸患呢？"辛垣衍依旧不信。

"从前，齐威王主张仁义为怀，率领天下诸侯去朝拜周天子。当时，周天子的实力弱小，已经很久没有诸侯王拜见他了，只有齐威王给他面子。过了一年多，周烈王去世，齐威王前去奔丧的时候迟到了。新继位的周显王不知深浅（此时的周王朝好比一个象征性符号，周天子也不过是个花瓶，战国七雄才是真正的实力派主角），事后竟然派人指责齐威王：'天子逝世乃是大事，就好比天崩地裂一般。新任的天子为了守孝，也得离开舒适的宫殿，睡在冰冷的草席上。东方属国之臣田婴齐（齐威王的名字）居然敢迟到，当斩！'齐威王一听，勃然大怒（你还真把自己当根葱了！老子前去奔丧，是看得起你。即便不去，你又能奈我何？你能打得过我吗），直接开骂：'呀呀呸的！您母亲原先还是个婢女呢！'（你以为你很高贵吗？就是小妾生的小子。）最终，周显王成了天下的大笑柄。齐威王在天子活着的时候还去朝见，难道是因为害怕天子吗？死了就破口大骂，难道是因为不够仁慈吗？实在是新任的天子做得太过分啊！那些天子本来就不懂得尊重人，没什么可奇怪的。"

鲁仲连用通俗有趣的例子说明，你别以为你现在讨好秦王，将来他就会尊重你，秦王也会跟周显王一样，因为你的一点点失误而忘记了你的好处。只有自己拥有实力，才能想干吗干吗。如果齐威王没有实力，不就任由周显王谩骂了吗？

双向奔赴，还是一厢情愿？

辛垣衍依然不服，你举个例子就能说服我？"先生难道没见过奴仆吗？十个奴仆侍奉一个主人，难道是力气赶不上、才智比不上他吗？是因为害怕主人啊！"

鲁仲连很无语，堂堂一个魏国大将，居然如此作贱自己？"唉，难道魏王是秦王的仆人吗？"

"就是的！"辛垣衍索性破罐子破摔，我看你怎么接话？

你绝，我更绝。鲁仲连说道："那么，我就让秦王烹煮了魏王，然后剁成肉酱，如何？"

辛垣衍不服气，就你？真把自己当天才了？"哼！先生也太过分了！您又凭什么让秦王烹煮了咱们魏王呢？"

对方的情绪调动得差不多了，先让你生气，脑子一热，我再泼一瓢冷水，你肯定会感激我。鲁仲连说道："当然能！从前，九侯、鄂侯、文王是商纣王的臣子。九侯为了讨主子欢心，将女儿献给纣王。结果，看过太多美人的商纣王根本不屑一顾，如此普通甚至丑陋的女人，竟然献给我？你是在糊弄我吗？是在质疑我的审美吗？一怒之下，他将九侯剁成了肉酱。正直的鄂侯看不下去了，极力劝解，却被纣王碾成肉干。听到消息的文王只是叹了几口气，就被囚禁在了监牢内。这三个人好歹也是一国之君，为什么下场如此惨呢？（继续震慑对方，想想吧，真的等秦王称霸天下，你们会不会也是这个下场呢？）

"当年，齐湣王因为被乐毅的联军打得落花流水，丢盔弃甲，逃到了鲁国。鲁国人用两国正常的礼仪接待了他。齐湣王的随从夷维子却不高兴了（你们曾经是我们齐国的小弟），说道：'我们齐王乃是天子啊，你们大王应该移出自己的宫殿，交出钥匙，安排宴会，在一旁恭敬地伺候着。等齐王吃饱喝足之后，你们小国的君王才能下去休息！'鲁国的官员们一听（一个逃亡之君，居然还到咱这里来摆谱），于是立即关闭城门，不让齐湣王入境。齐湣王只能借道邹国，前往薛地（齐国的城池）。而邹国大王恰好去世，湣王想进去吊丧。夷维子对邹国的继位之君说：'天子前来吊丧，你们一定要把你们大王的棺材转换方向，重新摆放灵位，按照我们天子祭奠附属国君的礼仪制度来（天子去附属国吊丧，排场也得按照天子的规格来）。否则，会失了咱天子的身份。'邹国的大臣们愤怒了（一个连自己国家都丢掉的人，还在这里猪鼻子插大葱——装大象，哼，不惯着他），叫道：'我们宁愿自杀，也不愿忍受这样的侮辱。'齐湣王也没法进入邹国了。邹、鲁两个小国的臣子在受到侮辱的时候，都有勇气挺身而出，以死抗争。（举例子，正反对比，人家小国都这么硬气，你们堂堂的魏国就甘愿讨好秦国吗？）

"如今，秦国实力强大，魏国也不差啊！都是一等一的高手，都是强国的君王，谁怕谁？你们只看到秦国打了一次胜仗，就卑微顺从地尊奉秦王称帝，连邹、鲁这样的小国都比不上。如果将来秦王真的称帝，一统天下，他会怎么做呢？必定立即换掉诸侯国的大臣，重用本国人。将军您能确定自己一定能得到秦王的宠信吗？还能保住现在的地位吗？"（鲁仲连举了真实存在的例子，震慑对方，你以为低头就行了吗？你以为做奴仆就能得到尊重吗？非也，非也，看看历史上那些卑微的人吧！他们的惨状就是你们的将来。引着对方想象未来的恐怖场景之后，又开始刺激对方，看看人家小国家，都敢反抗强权，你们堂堂的魏国在干吗？想做受虐狂？想做受气包？激发对方的斗志之后，他又将魏国的存亡与对方的前途绑定起来，这是辛垣衍最为关心的事情，人往往会考虑大事件对自己前途与利益的影响。为了避免辛垣衍在投降与对抗中犹豫不决，鲁仲连又抛来一道单选题。一旦秦王称帝，你辛垣衍只是个屈膝投降的魏国人，会得到他的重用吗？你能保证他能看到你吗？等他一统天下，你们这些别国的旧大臣，能得到现在的地位与待遇吗？）

辛垣衍茅塞顿开，救赵国，乃是双向奔赴；讨好秦国，只是一厢情愿。他站起身来，向鲁仲连谢罪："之前我以为先生只是个耍嘴皮子的普通人，今天才知道您乃真正的高人。我立即启程，离开赵国，再也不谈尊奉秦王称帝的事情了。"

秦军主将一看魏国使者走了，马上令军队后撤五十里。而鲁仲连的仗义出手，也间接地为魏公子无忌率军救赵的行动赢得了时间与主动。

魏国大军一到，秦军腹背受敌，只能撤离邯郸。

平原君和赵王都将鲁仲连视作恩人，要什么，你尽管开口，我们全部满足。鲁仲连摆摆手，做官的情商我始终不在线上，算了吧！

啊，做官不要，那给你黄金？平原君趁着喝酒聊天的时候，献上千金，仲连兄，拿着，礼轻情意重！鲁仲连微微一笑，我只不过闲来没事，替人消灾，但从不拿人钱财，我又不是跟人做生意。看来你老人家不了解我啊！走了，拜拜！

哪里有困难，哪里就有我！

鲁仲连帮忙的目的很单纯，富贵非我愿，但愿天下安。轻轻地我走了，正如我轻轻地来。但是，再厉害的嘴巴也挡不住历史前进的车轮，六国最终还是被秦国一一消灭。鲁仲连心灰意冷，去了东海，盖了三间草房，隐居起来，从此失去了音讯，只留下江湖上的传说。

说服别人的技巧就是不留任何说服的痕迹，将自己的目标与对方的利益有机融合，双向绑定。有效地激发别人内心的恐惧和斗志，让对方主动站到自己的阵营里来。高手在劝说别人的时候，往往不露痕迹，一脸轻松，我并不是来告诉你应该怎么做、不该怎么做，我是上天派来拯救你于水火的。

特别会说话的小技巧

1. 当对方非常傲慢的时候，可以利用心理战术，盯着他不说话，让他浑身不自在，反过来先开口问话。

2. 摆史实也得正反例子相结合，让人在强烈的对比中明白道理。

吕不韦

——我就是上天派来拯救你们的天使

做一个天使投资人

在当上秦国宰相之前，吕不韦是个非常成功的生意人，拥有超前的眼光和过人的智慧，通过低价买进、高价卖出各种商品，积累了丰厚的家产。但是，生意人地位卑贱，不受待见，他又将眼光对准了权力的宝座。举兵造反，风险太高，投资潜力股，倒是一条通往权力之路的捷径。

当时，秦国的太子死了，秦昭襄王立了第二个儿子安国君（后来的秦孝文王）为太子。拥有二十多个儿子的安国君偏偏宠爱生不出儿子的华阳夫人，两人如胶似漆，感情深厚。

春秋战国时期，两个国家为了相互获得信任或者请求援助等目的，就会交换皇子，你的儿子到我们国家，我的儿子到你们国家，这样的皇子就被称为质子，其实就是人质。如果哪个国家到时候说话不算话，另一方就可以杀掉人质。质子的作用跟后来因和亲政策而出嫁的公主差不多，都是出于政治的需要。安国君有个儿子叫异人，排行居中，属于爷爷不疼、爸爸不爱的那种边缘人，所以，很早就被派到了赵国做人质。

异人成了一枚被秦国用作缓兵之计的弃子，出行没有豪华的专车，吃饭没有美味的山珍，混得还不如一个富裕的农民，整天还得提心吊胆，说不定哪天就被杀掉了。到赵国邯郸做生意的吕不韦看到异人之后，如获至宝，这不就是我要找的潜力股吗？对方现在失落、彷徨和担忧，感觉自己成了随时都会丧命的可怜虫，如果此时过去拉一把，他还不对我感激涕零啊？雪中送炭的效果远远好于锦上添花，他要在秦国皇宫，我还拉不着他呢！吕不韦兴奋地感叹道："异人就像一件奇货，可以先囤起来，将来准能卖个好价钱。"（这就是成语"奇货可居"的出处，把稀有的货物储存起来，等待高价卖出去。比喻拿某种专长或独占的东西作为资本，等待时机，以捞取名利地位。参见司马迁《史记·吕不韦列传》。）

放长线，才能钓大鱼。普通的货物到了高人的手中，经过精心地设计、包装，一转眼，就成了顶级奢侈品。吕不韦开始行动了，通过各方渠道收集秦国内部的信息，然后深入分析，仔细排查，找出其中可以拿下的关键人物——华阳夫人。然后，他上门拜访异人，直截了当地说道："我能光大你的门庭，让你获得梦寐以求的权力！"

本就活得非常憋屈的异人火了，虽然我混得很惨，好歹也是秦国的公子，轮得上你一个卑贱的商人来指手画脚吗？他嘲讽地说道："你还是先光大自己的门庭吧！"

"啊，只有您的门庭光大了，我的门庭才能光大啊！"吕不韦直接将自己的利益与异人的前途进行捆绑。

异人并不傻，他立马缓过神来：土豪送钱来了。他瞬间两眼放光，恭敬地请吕不韦就坐。

吕不韦笑了，乘机劝说道："秦王已经老了，您的父亲安国君被立为太子。安国君现在喜欢您的兄弟子傒。您排行居中，母亲也不受宠。一旦安国君继位，您没有任何优势竞争太子之位。一旦秦、赵开战，您就成了一枚弃子，性命堪忧，谁会在意您的死活呢？"（先理性地分析你可能会遭遇的危险，让你内心崩溃，然后再抛来一颗硬糖，让你紧紧地抓住我的手，舍不得放开。）

异人长长地叹了一口气，我咋就混得这么惨？眼泪掉在酒杯子里，我的心，疼啊！"您说得对，但我应该怎么做？又有什么办法呢？"

等的就是你这句话，我不就是上天派来拯救你的天使吗？吕不韦继续说道："如果您信任我，我倒有办法帮您回国，并且顺利继承王位。我打听到安国君非常宠爱华阳夫人，而华阳夫人却没有儿子。我们可以从她身上寻找突破口。您现在比较贫苦，长期留在赵国，无法带着钱财宝物到秦国活动，结交重量级人物。我吕不韦虽然不算富有，但非常乐意拿出千两黄金替您去秦国游说，让安国君与华阳夫人立您为太子。"

流落他乡、前途黯淡的异人激动地拉着吕不韦的手，说道："兄弟，如果您能帮我实现计划，将来秦国的天下，你我各一半！"

吕不韦信心满满地点点头，我办事，你放心！为了表示诚意，他又献出五百两黄金给异人：拿着，尽情地花，快乐地玩！咱俩谁跟谁！异人目瞪口呆，从此以后，财富自由，生活无忧，不再寂寞了。老吕对我才是真爱啊！没说的，以后我的就是你的！

接着，吕不韦又进行了一系列挥金如土的操作，购买大量的稀罕物件、奇珍异宝，前去秦国游说。他采取了集中优势兵力各个击破的策略，先打通华阳夫人的外围——她的姐姐和弟弟阳泉君。

带着黄灿灿的金子、光亮亮的珠宝，吕不韦一路开挂，谁会挡住一个出手豪爽的金主呢？来到阳泉君府上，他首先危言耸听，震慑对方："阁下知不知道，您现在的处境很危险？您门下的宾客不仅人数众多，而且地位显贵。反观太子那一边，门庭冷落，无人攀附。而且，您府中的珍宝、骏马、美人数不胜数，风头已经盖过了太子，他心里不会难受吗？这是好事吗？如今，秦王年事已高，一旦驾崩，太子上位，他会怎么做？您不仅保不住现在的地位，还有可能命丧黄泉。"（吕不韦替对方分析了潜在的巨大威胁。想要活命，你得跟我结成统一战线，携手共进。）

阳泉君一头冷汗，唉，大意了，我之所以得到富贵，乃是仰仗老姐。如果大王去世，太子继位，还有咱家什么事吗？现在的金银财宝堆成山又有什么用？没了地位和权力，这些东西迟早会被别人搬空。

吕不韦乘机说道："小人倒有一计，可让您高枕无忧，稳如泰山。"

缓过神来的阳泉君赶紧行礼，请上座，洗耳恭听。

全方位、立体式地包装

吕不韦内心欢喜，造势成功，该上"硬通货"了："您的姐姐华阳夫人至今没有儿子，如果将来子傒继位，一定会重用心腹大臣士仓（有他在，还有你什么事）。到时候，华阳夫人的门庭必然萧条冷落，无人问津，长满野草（用形象的描写引导对方畅想凄惨的未来）。如今在赵国充当人质的公子异人德才兼备，每天都盼望着回到秦国，只可惜宫中没有强大的背景与人脉。华阳夫人如果能帮助异人成为太子，他肯定对你们感恩戴德。这样，没有儿子的华阳夫人下半生也就有了强有力的依靠，您的地位不也保住了吗？"（每个人都担心自己的地位和富贵，至于其他人怎么样，大多数人一点也不感冒。想要震慑对方，就得具体说明他即将失去的东西有哪些。）

阳泉君坚定地说道："对，对，有道理！我替你引见夫人。"

见到华阳夫人，吕不韦没有采取震慑的方式，毕竟对方乃是一人之下、万人之上的王后，他这次打的是感情牌：谈论异人的聪明能干、品德出众，最关键的是他将夫人您当作亲生母亲一般，非常希望能够日夜伺候在您的身边。

华阳夫人听了很感动，也很期待，唉，我也多么想要一个孝顺的儿子啊！

吕不韦心里乐开了花，事情可成，但是，火力还不够猛。吕不韦又用钱砸开了华阳夫人姐姐的大门，利用女人的容貌焦虑震慑道："我听说，用美貌来侍奉男人，并不能长久。一旦容颜逝去，受宠的机会也就大大减少。现在华阳夫人侍奉太子，集万千宠爱于一身，只是很可惜，她没有儿子。不如趁着受宠之时，在太子的儿子中选择一个有才能而又孝顺的人，作为大王的继承人来培养，将他推上王位。如此，夫人的地位不就稳固了吗？你们的后半生不也有保障了吗？如果不在年轻貌美的时候早做打算，等到年老色衰，失宠被弃，还有机会跟太子交流说话吗？现在异人贤能聪明，他明白自己排行居中，生母不受宠，朝中又没依靠，您们如果在此时能够重视提拔他，异人还不拼死效力？您一家人在秦国的地位与尊宠还会减少吗？"（想要说服对方，就得找准对方最担忧的事情是什么。男人担心地位受损，女人担心容颜易老。有针对性地进行劝说，事半功倍。）

姐姐频频点头，是的，在这后宫之中，女人老了，就如同一碗发霉的饭菜，将被无情地倒在地上。她赶紧进宫劝说妹妹，咱没儿子，就不能认个儿子吗？听了姐姐的话，华阳夫人立即行动，经常在太子旁边吹枕头风："您儿子中有个叫异人的最近很红啊，时不时就有来往的宾客称赞他。"

"哦，你不说，我都忘了还有这么一个能干的儿子。"太子这才想起了异人。

美人最厉害的就是委屈而又可怜的眼泪，梨花带雨往往比回眸一笑更具杀伤力。华阳夫人见太子的情绪调动得差不多了，轻轻地抽泣道："我有幸得到您的恩宠，可惜没能给您生下儿子。我看异人挺孝顺，对我也很尊重。如果能立他为继承人，我日后也有个依靠嘛！"看着美人荡漾在泪水中的眸子，安国君的心都快碎了："唉，亲爱的，别哭，咱先培养培养异人，如何？"

华阳夫人点点头，紧紧地抱住了太子。很快，她公开赐给异人大量礼物，聘请吕不韦做异人的人生导师。秦国大臣们、各国诸侯王们瞬间嗅到了新的商机，纷纷将目光聚焦到异人身上，爆款潜力股即将上市，赶紧投资！华阳夫人与安国君请求赵国送回异人。赵王不干了，如今异人的身价水涨船高，有他在这里做人质，我们赵国就稳了。

异人无语了，之前我选择躺平，是因为没人理；如今我选择"内卷"，怎么还人人爱了呢？

这可咋办？若是走不了，如何有机会竞争王位呢？老吕，主意是你出的，你得想办法。

吕不韦一挥手，不急，看我的！他赶紧带上贵重礼品，前去游说赵王："异人只是安国君众多儿子当中的一个，他的亲生母亲并不受宠。假如秦国真的要攻打赵国，也不会因为一个公子而耽误国家大事，到那时，您手里的人质还值钱吗？如果您备上礼品、派出专人护送异人回国继承王位，他肯定不会忘记您的恩德。如果您不让他回国，其他人成为太子，异人还有多少利用价值呢？谁还会在意他的死活？您把他捏在手里又有什么用呢？到时候，新太子巴不得你杀掉异人。"（吕不韦又成功地将自己的利益与赵王的利益绑定在一起，从正反两个方面来告诉对方，怎么做才能让他的收益最大化。）

赵王瞬间转变思路，有道理，人家儿子那么多，异人死了，华阳夫人可以重新再选一个。我不如做个顺水人情，一举多得。

终于可以回家了，异人激动万分，踏上了前往都城咸阳的路。在拜见华阳夫人之前，吕不韦对异人进行了全方位、立体化的包装，让他穿上楚国的衣服，模仿楚人的言行。华阳夫人惊呆了，难道家乡来人了？定睛一看，又开心地笑了，对着异人亲切地说道："我本来就是楚国人，你穿上这身衣服，真像我的孩子啊！"

表现的机会来了，异人叩头便拜，直呼"母亲"。华阳夫人笑得像花儿一样，好孩子，好孩子，快起来，以后你就是我的儿子，名字就叫"子楚"。咱们都是楚国人了，我会竭尽全力将你推上王位。

秦昭襄王去世之后，太子安国君继位为王（秦孝文王），不到一年就去世了。子楚正式继位，史称秦庄襄王，华阳王后成了华阳太后。吕不韦也登上相国的位置，被封为文信侯，蓝田十二县的赋税进了他私人的腰包。秦王嬴政继位之后，吕不韦的权力到达顶峰，又得到了洛阳十万户、河间十座城的封地。至此，他曾经为异人量身定制的"风险投资"，获得了巨额的回报。

吕不韦用钱砸开了权力之门，各个击破，成功将华阳夫人及其姐姐、阳泉君、异人、赵王和自己的利益牢牢地绑在了一起，多方发力，分头行动，变着法地给对方送去了"温暖"，完成了看似不可能的任务。郦食其也是一个善于"花式送温暖"的高手。

特别会说话的小技巧

1. 尽可能地收集详细、真实的信息，有效地选择劝说对象，揣摩对方的心理，做到有的放矢。

2. 合适的打扮、服装、方言、动作等，也是拉近彼此距离的重要因素。吕不韦对子楚从头到尾的包装成功引起了华阳夫人的好感。

郦食其

——花式送温暖的小老头

情义不够，礼物来凑

郦食其出生在战国末期的魏国，秦灭魏国以后，他成了陈留郡高阳县的门吏（在衙门办事的芝麻小官）。郦食其从小就爱好读书，钻研当时年轻人都喜欢的纵横捭阖之术。可是，秦始皇统一六国之后，策士们失去了发挥才能的土壤，找谁去合纵连横呢？他只能隐居不出，静观时局。后来，陈胜、项梁等人拉开反秦大幕，各路将领陆续经过高阳。摩拳擦掌的郦食其根本瞧不上那些"土包子"，认为他们都是斤斤计较、刚愎自用、不听谏言的人。投奔他们，能有什么前途？保不齐小命都没了。再等等，看清天下形势或者遇到明主再做决定，否则，不仅才能得不到发挥，还会连累一家老小。

优秀的纵横之士善于审时度势，口才再好，也得建立在超群眼光和正确选择的基础上。

经过长期的观察，有一个人渐渐地进入了他的法眼：当时大家并不看好的刘邦。不懂礼节、小混混、不重视文化人……身上贴的都是坏标签。但是，郦食其发现刘邦有个很多人都不具备的优点：不论是谁前去投靠，只要你有本事，他都能充分挖掘并利用你的优点，并给你提供发挥才能的舞台。他则静静地在一旁看着，不急不躁。这是一个优秀领导的自我修养啊！

可是，怎么去投奔刘邦呢？

直接去，人家现在好歹也是沛公，面都见不了。那就找人引见！郦食其从祖宗八代、亲戚朋友、街坊邻居等人之中一个一个地梳理筛选，势必要找到跟刘邦有关系的人。多年的蛰伏，让郦食其从黑头小伙变成了白头老人，可是创业的激情一点没变，依然热血澎湃，激情四射。

他终于打听到刘邦部下的一个骑兵正是自己邻居家的儿子。刘邦带兵来到陈留郊外，那个骑兵正好回家探亲，郦食其赶紧备好好酒好菜，招待这位年轻的小邻居。

酒足饭饱，看着对方油乎乎的大嘴巴，郦食其觉得差不多了，说道："我听说沛公虽然看不起文化人，但胸怀天下，正是我想要追随的人，可我一直苦于没人介绍。您将来见到沛公，就这样跟他说：'我老家有个邻居叫郦食其，六十多岁了，还狂放不羁，一直在寻找值得追随的人。'"

郦食其深通纵横术，用"狂放不羁""六十多岁"这样的词吸引别人的眼球。因为他知道，刘邦本人也是老大不小了，却依然狂放不羁，必定对同道中人感兴趣。

骑兵看了看郦食其的打扮，摇摇头："不是我不愿意替您引见，只是沛公非常讨厌文化人。很多戴着儒生帽子的人前去求见，他马上就把人家的帽子摘下来，直接在里面撒尿。他平常跟人谈话的时候，脏话、粗话乃是标配，您还是不要去找骂受虐了吧！"

但是郦食其明白，刘邦对人虽然粗鄙不堪，却懂得把舞台与功劳留给属下，跟着他不仅有肉吃，还很有面子。其他人我不要，就是他了！

郦食其坚定地说道："你只管把我今天说的话上报给沛公即可！"

唉，不作死就不会死！好吧，暂且帮您一把！到时被骂出来可别怪我。骑兵回到军营，转告了郦食其的原话，刘邦果然来了兴致，嘿，六十多岁了，还不正经，这不跟老子有一拼吗？叫他来！

郦食其如愿见到了心仪的领导。

刘邦正坐在床边，伸出臭脚丫子，让两个女人帮他洗脚。换作一般的文化人，肯定觉得士可杀不可辱。可郦食其早就做了充分的思想准备，刘邦这是想试试他有没有定力与本事。碰到这样傲慢无礼的首领，你不能自卑，得吊起他的胃口，激发他的斗志。郦食其也玩起了套路，只作揖，不下拜，然后毫不客气地问道："您是想帮秦国打诸侯，还是想率领诸侯灭秦国呢？"

刘邦一听这话，发怒了，蠢货！老子辛苦地折腾来折腾去，难道是要给秦王做"代驾"吗？训斥道："你这个酸儒生，说什么混账话？天下人受暴秦的苦太久了，所以才联合起来反抗。我为什么要帮秦国打诸侯？"

情绪调动得不错，该引蛇出洞了。你自己问我的，那就告诉你："如果您想收拢天下人才与百姓，一起推翻暴虐无道的秦王朝，那就不该用这种傲慢无礼的态度接见有本事的长者！"

经常侮辱文化人而又很少遇到抵抗的刘邦突然来了兴趣，这个老东西跟那些受不了委屈的儒生不一样嘛！有点意思！

刘邦立刻停止洗脚，穿上整齐衣服，恭敬地把郦食其请到上座，诚恳地道歉。能从一个小混混成为沛公的人，必然有过人之处。只要你本领出众，哪怕我特别讨厌你，也会给你足够的尊重！这是出身贵族的项羽做不到的。

展现真正技术的时候到了。郦食其大谈合纵连横、统一天下的谋略。一旁的刘邦听得如痴如醉，啊呀，真是个厉害的老头啊！赶紧上菜上饭，边吃边聊。

"先生，您看现在我们该怎么做呢？"刘邦的态度来了个大反转，笑眯眯地问道。

喝了一口小酒的郦食其笑了，没有见面礼我也不敢来打扰，说道："您现在带的一群乌合之众，加起来也不到一万人，想要跟强大的秦王朝斗，等于鸡蛋碰石头。（吓，用确实存在的劣势来加重刘邦的担忧，以提升自己的利用价值。）陈留是天下交通要道，四通八达，城里的粮食堆积如山。我平时跟陈留县令关系不错，您派我前往，说动他来投降。如果他不乐意，您就发兵攻城，我在城里做内应。"（郦食其早就调查清楚了，刘邦正缺粮草，把巨大的利益摆在他面前，看他动心不动心。）

刘邦犹如久旱逢甘霖，既高兴又感动，我现在正缺粮呢，没饭吃，谁跟我一起打仗？

一把年纪的郦食其为了实现梦想，也豁出去了，孤身前往陈留县令府。一顿酒下去，趁着醉意，他开始滔滔不绝地劝说。结果纵横术遇到了硬茬子，县令油盐不进，就是不投降。

嘿，硬骨头，顽固派，老子切了你的脑袋，看你怎么硬！

郦食其说得动就说，说不动就干，动口，也动手，两手都要硬！

杀了县令之后，郦食其偷偷打开城门，刘邦乘机攻入陈留，获得了大批粮草。于是，他大手一挥，封郦食其为广野君。发财了，不能忘记家人。郦食其又推荐了他的弟弟郦商，让他跟随刘邦攻城略地，逐渐成长为将领。

郦食其时刻关注形势，准备继续建功立业，升职加薪。看到韩信雄赳赳气昂昂地向齐国迈进，他主动向刘邦（此时刘邦已成汉王）请命："如今燕国、赵国都已经平定，只有齐国还没打下来。齐王田广占据着幅员千里的齐国，拥有二十万大军，田氏宗族力量强大。他们背靠大海，凭借黄河、济水的阻隔，您即使派遣数十万的军队，也不可能在一年或几个月的时间里把它打下来。况且齐国人狡诈多变，如同墙头草，风吹两面倒。请您派我去游说齐王，让他主动归顺您。"（用齐国的实力给刘邦施压，如果不能迅速打下齐国，您会陷入长期作战的困境。）

刘邦动心了，说道："好，就按你的意思办！"

信心十足的郦食其踏上了游说齐国之路，只可惜"风萧萧兮易水寒，壮士一去兮不复还"。他遇到了更厉害的纵横大家——蒯通。

跟我走，鸡腿有！

兵临城下的齐国内部人心惶惶，年轻的田广早已被韩信的威名吓怕，坚毅果敢的田横也犹豫了，我们能挡得住百战百胜的韩信吗？投降？主动低头太廉价了！能不能保住我们现在的荣华富贵呢？恰好此时，郦食其带着刘邦的最新指示来了。田广与田横热情地接待了他。

郦食其故意吊起对方的胃口，问道："您可知道天下人心的归向（将来谁能一统天下）？"

"我不知道！"

"您如果知道天下人心的归向，齐国跟您的地位都可以保住；如果不知道，那齐国可就危险了。"（缩小对方的选择范围，不是黑就是白，不选我，就玩儿完。）

我还不知道你要说的是刘邦吗？田广故作急切地问道："先生觉得天下人心究竟归向谁呢？"

"汉王刘邦！"郦食其坚定地说。

"哦？老先生这样说有什么根据吗？"田广想要提高自己投降的价码，故意装作不清楚目前的形势。

出手的时候到了，对方犹豫不定，就要添一把火，将其心中的多选题变成单选题，让他下定决心跟咱同一阵营。郦食其回答："汉王与项羽一起攻打暴秦，在义帝楚怀王与众人面前约定，谁先攻入咸阳，谁就在那里称王。汉王先入咸阳，项羽却耍赖不认，背弃盟约，逼着汉王去了巴蜀。项羽又迁走义帝楚怀王，还暗中派人杀了他。汉王听到消息后气愤不已，立刻率领天下的兵马攻打项羽，拥立六国诸侯的后代，分封投靠、归顺他的人。所以，很多英雄豪杰、才能超群的人都愿意为他效劳。各国军队争先恐后地涌来，后方粮食源源不断地运来。（汉王的具体优势在哪里？得人心，有支援。跟着他，有肉吃。）

"反观项羽呢？既有背弃盟约的坏名声，又有杀死楚怀王的不义之举。对别人的功劳从来不牢记，对他人的罪过却始终忘不掉。将士们打了胜仗得不到奖赏，攻下城池也得不到封爵。不是他们项氏家族的或者最亲近的人，没有谁能得到重用。别人本该有的封赏，他却迟迟不愿给。宁可把攻城得到的财物堆积起来，也不肯赏赐给大家。所以天下人背叛他，才能超群的人怨恨他，没有人愿意为他效力。（跟着项羽你们什么都得不到。分析项羽身上的缺点，一一摆出来，让人更加确信项羽有功不赏，有错必记。你得掂量掂量，投靠他会有什么好处呢？）

"因此，天下有才能的人都投奔汉王。汉王带领汉军，平定三秦，占领西河之外大片土地；率领投诚过来的精锐军队，攻下井陉口，杀死成安君；击败河北魏豹，占领魏地。一路上，汉王攻无不克，战无不胜，不仅得到百姓的支持，还受到上天的保佑！（一个个地摆出刘邦的战绩，好比在犯人面前一样样地摆开刑具，加深对方心理上的阴影。）

"现在，汉王已经拥有敖仓的粮食，据守成皋的险地，守住白马渡口，堵塞大行要道，扼守蜚狐关口。在不远的将来，他就会平定天下，统一山河。最后投降的人，肯定没有好下场。您若是赶快投靠汉王，那么还能保全齐国的江山；倘若不投靠，那么立刻就会招致危险。"（刻意强调刘邦实力，天下已经捏在他手中了，捏你们齐国还不像捏死一只蚂蚁？早投降，早受益，还犹豫什么呢？）

郦食其先把项羽的缺点与失信的行为一个个地摆出来，再用刘邦的优势一条条地与之对应，引导对方作出选择。选项羽，无功无赏无地位；选刘邦，有酒有肉有机会。当田广考虑权衡的时候，又不再给他时间，直接告诉他利害关系，不赶紧投降，脑袋就要搬家了。如果对方有多个可选择的合作方，那就通过软硬兼施、对比等手段，让他主动解除其他的利益捆绑，只剩下你一个选择，牢牢地跟你黏在一起。

听完郦食其一番慷慨激昂的劝说，田广、田横再也按捺不住了，汉王给脸，我们不能不要脸！为了显示自己投靠的诚意，他们撤出了齐国前线严密的守卫。但又不放心，万一韩信来个突然袭击怎么办？于是，两人非常"热情"地留住了郦食其。郦兄，咱们都是兄弟了，不着急走，坐下来玩几天吧！

一张口就拿下一个国家，郦食其也被胜利冲昏了头脑，忘记了这次游说之所以能够这么顺利，不仅仅是靠他的三寸不烂之舌，主要是因为名扬四海、用兵如神的韩信已经兵临城下。郦食其兴奋地和田广、田横一起把酒言欢，纵情享乐。

韩信听说郦食其已经成功说服齐王，一时间不知如何是好。前进吧？齐国已经投降了。停止吧？汉王没下通知啊。万一齐国诈降怎么办？

　　韩信的谋士蒯通很无语，若是凭三寸不烂之舌，我何必让郦食其抢先行动？我蒯通的一张嘴足矣！土地还是打下来的稳妥！他劝韩信道："您奉命攻打齐国，汉王虽然派使臣前去说服齐国投降，可是，他有诏令叫您停止进攻吗？郦食其不过是个说客，凭嘴巴就降服了齐国七十多个城邑，您现在统率几万人马，历经一年多时间，才攻占赵国五十多个城池。这不等于告诉世人，一个将军反倒不如一张嘴巴的功劳大吗？"

　　深知人性的蒯通一出口就能戳中别人内心深处的担忧，天下人怎么看？我韩信无能？一路过关斩将，费尽心血，却输给一个风烛残年的老头？没有我韩信攻城略地，一马当先，反复无常的齐国贵族能这么轻易被说服？而且，我现在停止进攻，如果齐国诈降，汉王会不会降罪于我？

　　建功立业的机会被他人抢去，岂能甘心？

　　现在进攻，正是时候。敌人全线松懈，一击即溃。韩信不由分说，立刻率兵渡河，袭击齐军，一直打到都城临淄。

　　田广蒙圈了，田横愤怒了。

　　原来郦食其出卖我们！他们立刻命人架起一口大锅，盛满水，烧起火，恶狠狠地盯着郦食其："如果你能阻止韩信，就让你活下去。否则，马上活煮了你。"

望着黑压压的韩信大军，想起刘邦的重用与关心，郦食其毫不犹豫地摇摇头。我都一把年纪了，是汉王给了我绽放的舞台，是他让我从草根变成了凤凰。没有汉王，就没有我今天的功名、利禄和地位。

牺牲我一个，换取全天下，值！

郦食其没有退却，大丈夫做事不拘小节，人生在世走一遭，不留下姓名，跟一条狗有什么区别？能拿下齐国，足以青史留名了。他昂首挺胸地说道："不用了，事已至此，你们还是投降吧！"

什么？你这个死老头！这个时候投降，还能值几个钱？田广、田横命人把郦食其扔进了沸腾的大锅。

一张嘴就能让郦食其命丧黄泉的蒯通，又是怎样的一个人呢？

现在大多数人把《战国策》的编著者看成是刘向，也有不少学者认为它是蒯通的作品，刘向只是在他的基础上作过修订而已。后世对《战国策》的初创者大多数持两种看法：一是蒯通一人所为，二是包括蒯通在内的多人所为。清朝人牟庭的《雪泥书屋杂志》与新中国成立初期学者罗根泽的《战国策作始蒯通考》，都详细论证了《战国策》乃蒯通的著作。大部分现代学者则认为《战国策》是多个作者所写，最后由刘向统一汇总整理。不管怎么说，蒯通在《战国策》成书过程中肯定有过很大的贡献，他曾长期学习研究苏秦、张仪等人的口才技巧，收集了大量策士的故事、言论、说辞，又在深入研究的基础上模仿创作了很多文章，将前人与自己的作品汇编在一起，取名为《隽永》，可惜这部书遗失了，只留下了书名。蒯通可以说是纵横捭阖之术的集大成者，他到底有何厉害之处呢？

特别会说话的小技巧

1. 提升自己在对方眼中的重要性。在劝说别人之前，你得认真准备实实在在的"大礼"。

2. 精准地掌握、分析对方的困境，提出具体可行的对策，让人感觉你是真心实意来为他解决问题的。

蒯通

——自我贬低不是因为胆怯

他们在害怕什么?

秦朝末年，蕲县大泽乡传来了一声怒吼，陈胜、吴广这两个无名小卒举起了反抗秦王朝的大旗，起义军连克大泽乡和蕲县，很快在陈县（今河南淮阳）建立了张楚政权。一时间，天下大乱。

陈胜的手下大将武臣率领队伍从白马津渡过黄河，一路上势如破竹。百姓豪杰纷纷前来投奔，队伍很快扩充到几万人，又攻克了赵国故地十座城池。但是，剩下的地方都据城坚守，权衡观望，不肯投降。武臣陷入两难之境，硬拼，迟早把自己拼死；不拼，又会寸步难行。刚开始他们凭着蛮力攻城略地，随着秦王朝反应过来，调兵遣将，运筹安排，临时拼凑的起义军渐渐地陷入了困境。此时，属下陈馀开口了，我们不如换个方向，去秦军力量相对薄弱的范阳如何？武臣同意了，立即掉转枪头，浩浩荡荡地朝东北方向前进。

范阳城中的隐士蒯通坐不住了。起义军如狼似虎，如果范阳县令硬扛到底，遭罪的还是全城百姓，我们又何苦为残暴的秦王朝卖命呢？开城投降？自己又没有权利。加入起义军？现在前去，显得狼狈而廉价，未必能够受到武臣的重视。经过一晚上思考，蒯通决定凭借三寸不烂之舌保住家乡。

在闪亮登场之前，他已经对口才技巧进行了长期的学习与研究。前往游说别人，一定要事先做足功夫，搞得不好，脑袋搬家，还得连累家人。蒯通仔细分析双方头领的性格、脾气与经历，整理来自四面八方的信息，从双方焦虑的点中找出可以求同存异的地方，找到最能打动人心的环节。现在武臣最想要什么？粮草不济，军心不稳，得尽快拿下城池。范阳县令最想要什么？保住小命，愿意投降，却又担心自己得不到好处。百姓最想要什么？过安稳的日子！他们对秦王朝早已失望，只不过害怕反抗会被杀头，并非真的热爱国家。只要有吃有喝，爱谁统治谁统治。

蒯通先去游说范阳县令徐公，说道："我是范阳的百姓，名叫蒯通，我私下可怜您就要死了，所以表示哀悼。尽管如此，我又祝贺您因得到我蒯通而获得生路。"（先吓后拉，你现在有两种选择，一个死，一个生，吊起徐公的胃口。）

徐公早就对城下的起义军忧心忡忡了，焦急地问道："您为什么表示哀悼？"

蒯通说："您做县令已十多年了，杀死人家的父亲，留下无数的孤儿。砍去人家的手脚，施行严酷的刑罚，受害者成千上万。慈父、孝子们之所以不敢把刀子插进您的肚子里，只是因为他们害怕大秦的法律。如今，天下大乱，秦朝的政令得不到贯彻执行，那些慈父、孝子将会趁机拿刀刺进您的肚子，报仇雪恨，成就功名。如今，各路诸侯纷纷背叛秦王朝，武信君的人马即将到来，您却要死守范阳。年轻的人都争先恐后地想要带着您的脑袋，前去投奔武信君，这是我表示哀悼的原因。您应该马上派我去面见武信君，去说服武臣接纳并奖赏您，这样，您就可以转祸为福了。"（吓就要吓到对方心里去，老百姓不是不反抗你，而是没有机会反抗，现在天下大乱，你觉得你关起城门就能保住小命吗？秦帝国的统治依赖严刑峻法，大家只是表面服从，内心压抑，现在天下大乱，百姓多年的愤怒之火最先发泄到谁的头上呢？摆在面前的只有两个选择，两种命运，容不得范阳县令作第三种选择。）

范阳县令虽然装得若无其事，内心的小鼓已经咚咚乱捶，故作冷静地问道："您为什么认为我得到您就能获得生路而转祸为福呢？"（大军压境，守不一定守得住，降未必能保住富贵名利。我正处于犹豫不决的时刻，万一这小子是来骗钱的，然后一走了之怎么办？我得听听他真实的想法。）

蒯通说出了自己的劝说策略。县令频频点头，正合我意，我为你准备车马，你为我说服敌人。对于蒯通的到来，武臣算不上热情，也算不上冷漠，淡淡地说道："我已经将范阳团团围住，不日即可攻下城池，你是来投降的吗？"

蒯通从容不迫地走上前去，直截了当地说："您一定要打了胜仗，而后夺取土地；杀掉了守敌，然后再占领城池吗？这种简单粗暴的做法是不明智的！您如果听从我的计策，就不用去攻打秦军、拼命战斗而拿下城邑。只要下一纸文书，足以平定广阔的土地，您觉得怎么样？"（用天上掉馅饼的好事引起对方的好奇与兴趣。）

武臣的好奇心成功被勾起来，他现在缺的正是粮草和精力，连日征战，消耗巨大，士兵已经开始抱怨，军心已经开始动摇。如果能不战而屈人之兵，自然是最好的结局。他急切地问道："你说的是什么意思呢？"

没点干货，我也不敢过来呀！

蒯通从容作答："如今范阳县令已经整顿人马，准备坚守抵抗，等待援军。可是，我很了解他的为人：胆小怕死，贪恋财富，爱慕权贵。他本打算第一个投降，却担心您因为他曾是大秦的官吏而不信任他，甚至杀害他。如今，范阳城里的年轻人也担心您将会屠城，正谋划着杀掉县令，然后据守城池，拼死抵挡你们的进攻。您为什么不把侯印交出来，让我去册封范阳县令，赦免老百姓？这样的话，县令马上就会把城池献出来，年轻人也不会抵抗你们了。再让范阳县令坐着您赐予的彩饰豪华马车，奔驰在燕国、赵国的郊野。两国的官员们看到了，都会说，看看人家范阳县令，率先投降，待遇优厚，投降有什么不好？咱为何还要为暴秦卖命而抵抗武臣将军呢？很快，您就可以凭借一纸通告、一个封印而轻松地拿下燕、赵地区的城池了。"（蒯通知道起义军粮草短缺的窘境，如果不用战斗而赢得一座城池甚至是多个城池，何乐而不为呢？只不过多封赏一个官吏而已，官位能解决的事就不是事，反正打下来的城池也得有人管理。）

武臣非常高兴，妙，绝妙！马上任命蒯通为特使，前去册封范阳县令，让他乘坐着豪华的马车，在燕、赵之地来回奔走、显摆，成了宣传武臣仁义爱民的活广告：跟着起义军，吃饭就是香！看得见的好处、接得住的富贵让各地守将官吏纷纷放下戒备，开城投降。武臣不费吹灰之力拿下了三十多座城池。

家乡和百姓都保住了，蒯通深深地舒了一口气。

我承认，我曾经想要除掉你

蒯通凭借过人的眼光，看出了起义军内部的散乱与矛盾，所以，他并未投奔陈胜、吴广，而是继续观察形势，静待时机。后来，他得知项羽破釜沉舟，扬名天下，决心追随。没想到，经过短暂的相处之后，他又认清了项羽的致命缺点——自负而不听劝。他静静地离开了，辗转来到韩信的帐下，成为"兵仙"最为倚重的谋士。攻下齐国之后，蒯通劝说韩信占据齐国故地，自称齐王，与刘邦、项羽三分天下。但是，韩信犹豫了，他不忍心背叛刘邦，更不相信视他为兄弟的刘大哥会卸磨杀驴。如果蒯通的计策能够被采纳，那么，三国故事将会提前上演。可惜，历史不容假设。后来虚构的文学作品《全相平话三国志》写道，蒯通转世投胎琅琊郡，化为诸葛亮，也算是对他智谋的高度认可。

很快，"天真"的韩信被刘邦的老婆吕后略施小计，硬安上了一个联络陈豨谋反的罪名。

吕后恶狠狠地盯着被绑起来的韩信，喝道："你竟然敢谋反？还有什么话说？"

韩信闭上了泪水打转的眼睛，叱咤风云一辈子，竟然虎落平阳被犬欺。如果当年听从蒯通的劝告，与项羽、刘邦三分天下，又怎会落得如此下场？他仰天长叹："我后悔没有采纳蒯通的计谋，以致被妇女小人所欺骗，难道不是天意吗？"

吕后命令宫女们用削尖的竹子将韩信扎成了马蜂窝，并将他的父母、兄弟、妻子等全部斩杀。一代名将就这样窝囊地死在了手无缚鸡之力的女人手上。

好不容易平定陈豨叛乱、得胜而归的刘邦静静地听完老婆的陈述，既伤感又开心。韩信毕竟跟随自己多年，两人或多或少也有一些兄弟情义了。而且，韩信性格耿直，又清高厚道，不太可能谋反。可是，韩信太厉害了，即使他不谋反，刘邦也睡不踏实，自己跟那帮兄弟加起来，也不是韩大将军的对手。

沉默不语的刘邦似乎又想起了什么，抬头问道："韩信有何遗言？"

"他说，后悔没用蒯通的计谋！"

"蒯通？"这个名字咋如此耳熟呢？对，对，那不是让郦食其活活被煮成一锅汤的辩士吗？刘邦眼皮跳动，心中不安，立即下令逮捕蒯通。

如今的天下乃是刘邦一个人的天下，躲是躲不过的！聪明的蒯通已经想到了脱险的办法。天下初定，刘邦既要铲除异姓王，又要收揽人心、笼络人才，要杀也只是杀那些手握重兵的人。只要合理辩解，态度谦卑，他应该不会为了一个凭嘴吃饭的文人而大动干戈。况且，刘邦也不是睚眦必报、不明事理的人，否则，也不可能从一个底层混混变成手握大权的皇帝。

在说服别人之前，具有语言技巧并非排第一位的能力，最重要的是能分析对方的性格及其处境。龙椅还没坐稳，天下并不太平，刘邦最需要做的是什么呢？

很快，蒯通被抓了，等待他的是一口正翻滚着热水的大锅，咕嘟冒泡，犹如喷着岩浆的火山，随时准备吞噬他的身体与灵魂。两边站着凶神恶煞的卫兵，轻蔑地看着他。刘邦的用意很明显，要为郦食其报仇，当年，你一张嘴盖过了老郦的风头，让他被齐王活活扔进大锅，熬成了浓汤。今天，我也让你小子尝尝人肉火锅的滋味！

刘邦冷笑一声，凶狠地问道："是你唆使淮阴侯反叛的吗？"

蒯通从容镇定地回答："是，我的确教过他，可那小子死活不听从我的劝告，所以自取灭亡。假如韩信采纳我的计策，陛下又怎能杀掉他呢？"

嘿，这老头！嘲笑我能力不如韩信？

刘邦万万没想到，蒯通不辩解、不慌张、不接招，这个人不简单啊！难道是死前挑战一下我的底线？于是，他故意大声叫道："来啊，煮了他！"

左右的人走上前去，蒯通一看，正是时候，扯着嗓子喊道："哎呀，冤枉啊！"刘邦向左右做了个停止的手势，这老头到底想干什么？

"你都唆使韩信造反了，还有什么冤枉？"

冤枉倒不冤，说还是可以说的！蒯通整了整衣襟，润了润嘴唇，开始了他的精彩演说。

"当初，秦朝法制败坏，土崩瓦解，各路诸侯纷纷起兵。一时间，豪杰辈出，你争我夺。最后，只有才智高超、行动敏捷的人才能得到天下（暗地里捧刘邦，你老人家最有智慧，所以赢得天下，刘邦的心里自然美滋滋）。盗跖（传说中的大盗）的狗对着尧（上古时期部落联盟首领，被司马迁视为最理想的君主）狂叫，并不是尧不仁德，只因为他不是狗的主人。那个时候，我只知道主人是韩信，并不知道陛下（大家各为其主罢了，如果之前你是我的主人，我肯定也会为你出谋划策）。况且天下磨刀霍霍、手持利刃而想做皇帝的人多了去了（想造反的人太多了，你不也是造反派？只不过大家不如你有能力罢了），只是他们力不从心、智谋不够罢了。您怎么能把他们全都杀掉呢？"

短短的几句话，充分展示了高超的游说技巧，切中了刘邦内心深处的担忧。辩解但不狡辩，先承认自己的失误，然后再解释其中的合理原因。用狗比喻自己，自降身份，把对方比作尧、舜一样仁德聪明的人，间接地拍了刘邦的马屁。智商在线的刘邦肯定听得懂。最后，蒯通又总结陈词，造过反、想造反的人太多了，您能杀得过来吗？潜台词就是：天下初定，您马上就大开杀戒，岂不逼着大家都造反吗？到那时，谁的损失最大呢？

有道理！刘邦陷入了沉思，天下还未彻底平定，就杀掉曾经反对过自己的人，岂不逼那些想造反而又犹豫不决的人下定决心，彻底走上叛乱之路吗？岂不是让天下人对新兴的大汉王朝失望透顶吗？以后谁还会前来投奔我呢？不战而屈人之兵乃是兵法的最高境界嘛！而且，这小老头嘴还挺甜，我本来也是造反派，只不过我刘邦最有本事、最有能耐，所以才赢得天下。哈哈，有点意思！

韩信的死让刘邦的内心并不平静，如果当初没有那小子，他不可能打败项羽。韩信的音容笑貌浮现在眼前，刘邦内心有一丝触动，有一些不忍。他摆了摆手，说道："放了他吧！"

蒯通成功地将自己的死与刘邦的损失紧密地绑定在了一起，在众人目瞪口呆的表情中全身而退。跟他一样，能够凭借嘴巴化解各种危机、保全自己前途的高手还有宋朝的吕夷简。

特别会说话的小技巧

1. 想要说服别人，具有语言技巧并非排第一位的能力，最重要的是能分析对方的性格及处境，弄清他的弱点和担忧，以便击其要害。

2. 在强者面前适当地自降身份，含蓄、间接地夸夸对方，让对方感觉你很容易亲近。

吕夷简

——纵使朝廷旋涡不断，我自岿然不倒

完美闭环，才有完美结局

宋朝初年，状元宰相吕蒙正因为身体原因向朝廷提出了辞职。宋真宗为了表示关心和爱护，问道："你的几个儿子当中，哪个可以重用呢？"吕蒙正想了想，儿子们才能平庸，侄子吕夷简进士及第之后，在基层岗位上埋头苦干，才华出众，倒是可以力推一下。他实事求是地说道："我的几个儿子都不堪大用，但侄子吕夷简颇具宰相之才。"

宋真宗点点头，你看中的人，一定错不了，朕会重点培养。乾兴元年（1022），宋真宗去世，年幼的宋仁宗即位，刘太后垂帘听政，经过多年锻炼的吕夷简顺利地成为宰相。可是，朝堂之上，风云突变，危机重重。王钦若、丁谓等奸臣排斥异己，打击政敌。吕夷简身处旋涡之中，如何才能站得稳呢？

忠诚，绝对的忠诚，时刻站在最高统治者的角度来考虑问题。

太后刘娥出身卑微，原是一个嫁过人的歌女，后来被韩王赵恒（日后的宋真宗）看中，进入王府。宋真宗即位之后，刘娥备受恩宠，却从不骄傲，主动跟后宫嫔妃们搞好关系。前任皇后驾崩，宋真宗想立刘娥为后，但是，寇准、李迪、向敏中、王旦等一帮重臣纷纷反对："刘娥出身微贱，不可以为一国之母。"最终，宋真宗乾坤独断，力排众议，册封刘娥为皇后。宋仁宗继位之后，刘娥又以太后的身份处理政务，将国家治理得也算井井有条。随着权力的增大，刘娥的野心也逐步增强，她陆续贬谪了反对自己的寇准、王曾以及上书要求其还政于宋仁宗的范仲淹等人。吕夷简并未直接与之硬杠。他明白，刘太后头脑清醒，并不想成为第二个"武则天"，也不是昏庸之主，还运用雷霆手段及时处理了丁谓等一帮奸臣，让国家又重新回到正轨。因此，吕夷简积极支持刘太后的想法和政策，尽可能地避免与之发生直接冲突，不断提升一个"顶级助理"的自我修养，出谋划策，认真配合，赢得了刘太后的信任与尊重。

一天晚上，先皇的一个嫔妃悄无声息地去世了，没有引起任何波澜。大部分人都不知道她的真实身份，少部分知道的人也紧闭嘴巴，不敢议论。听到消息的刘太后眉头一皱，心中有些悲凉，也有些窃喜，唉，终于走了！就按普通宫女的规格葬了她吧！

太后下旨，无人敢说话。

早朝之时，一向稳重顺从的宰相吕夷简突然发问："太后，听说昨天晚上有一位嫔妃亡故了？"

刘太后的脸犹如热带地区的天气，刚刚阳光普照，忽然大雨滂沱，嘴唇仿佛二手的拖拉机，无规律地抖动着。她激动得一下子站起来，直接宣布退朝，急匆匆地带着年幼的宋仁宗离开了大殿。很快，她单独召见吕夷简，一脸不高兴地问道："一个普通的嫔妃死去，先生何必要特别过问？"

早就知晓嫔妃身份的吕夷简没有直接戳破太后的遮掩，而是委婉地说道："臣身为宰相，全面负责朝廷的事务，我有过问的责任和义务啊！"

看来你这老家伙不上道，我都间接地提醒你不要多管闲事了，你还拿责任来压我？国家事能有皇家事重要吗？刘太后脸部紧绷，严厉地训斥道："先生难道要故意离间我们母子吗？"太后的担忧不无道理，因为她并不是宋仁宗的亲生母亲。

当年，她乃宋真宗最受宠的德妃，被册立为皇后，但是肚子一直不争气，没有生下男孩，危机感满满的她急切地想要用孩子来稳住位子。而此时，曾担任过她侍女的李妃生下了一个小男孩。刘皇后眉头舒展，立即行动，赶到李妃住处，对她威逼利诱：只要你交出儿子，我保证他将来成为皇帝。

望着势在必得的皇后和年幼可怜的儿子，李妃又能怎么样呢？不答应，死路一条；答应，自己虽然受苦，孩子将来必定荣华富贵。就这样，她看着儿子成了原来主人的孩子，自己则退守冷宫。

宋真宗死了以后，小男孩顺利地继承了皇位，他就是大名鼎鼎的宋仁宗。刘皇后也成了刘太后，以亲生母亲的身份垂帘听政，执掌大权，不动声色地安排李妃去为宋真宗守墓。内心憋屈、思念儿子的李妃忧郁苦闷，四十五岁便在孤独凄凉中去世了。刘太后打算用普通宫女的规格和制度埋葬她。

宰相的一句话打破了她多年来的平静与担忧，吕夷简这个老家伙想干啥？跟皇帝挑明我不是他的亲生母亲吗？那我这么多年的心血岂不付诸东流？皇帝还能像现在这样孝顺我吗？我的家人们在我死后还能保住地位与富贵吗？

　　刘太后一系列的疑问早就被吕夷简看透了。姜还是老的辣，吕夷简想得更长远，您老人家真能瞒得住吗？谁有本事堵住众人的嘴巴？一旦您去世了，谁还忌惮您？绝对会有人为了邀功请赏或者打击报复，将当年的事情添油加醋地报告给仁宗皇帝。到那时，龙颜必定大怒，刘家人必定血流成河，您多年塑造的伟大母亲形象也会轰然坍塌。

　　因此，吕夷简说道："如果太后不愿意为刘氏家族的将来着想，那么，我也不敢再说其他的话；如果太后想要保住刘氏家族，我认为这个嫔妃的葬礼规格应该大大提升。"（他并没有讲什么大道理，也没有说李妃多么不容易，等等，而是始终站在刘太后的角度上，维护她以及刘氏家族的利益，因为人大多只会关心自己的利益得失。吕夷简也没有明确嫔妃的真实身份，您不提，我也绝对不会说，但是，她的葬礼您得按照皇帝母亲的规格来。这全都是为了您和您的家人。万一哪天皇上知道了事情的来龙去脉，必定要打开墓地一查究竟，瞻仰亲人的遗容。如果他看到自己的亲生母亲死后的待遇跟普通宫女的一个样，甚至还不如一个受宠的宫女，他会怎么想？又会怎么做？）

　　智商本来就在线的刘太后如梦初醒，唉，人们的嘴巴又如何堵得住？皇帝跟亲生母亲的浓情又如何割断得了？沉默良久的她长叹一声，压低了嗓子说道："昨晚死的人正是李妃。"

吕夷简也长舒一口气，您终于自己承认了，接下去就好办了。他说出了自己的意见："应该按照皇后的礼仪与规格安葬李妃，用水银充注棺椁。"（防止尸体很快腐烂，以便将来能让仁宗皇帝亲眼见到母亲的遗容。）

刘太后用力地点点头，还是你最会为我考虑，你的建议我照办！在李妃死后的第二年，刘太后也去世了。头上的紧箍咒解除了，别有用心的人开始上蹿下跳，对仁宗的身世议论纷纷，甚至传出了谣言：李妃并不是病死的，而是被毒死的……

准确地预判，靠的不是鬼神

这些话很快传进了宋仁宗的耳朵里，他呆住了，愤怒了。什么？我的亲生母亲是李妃？为什么？为什么？他不断地向宫里的长辈、老宦官们求证，得到的答案一致为：李妃就是他的亲生母亲。

宋仁宗号啕大哭，三天不理朝政，每天陷入深深的自责中。我连自己的母亲都保护不了，还在这里指挥天下人，我算什么儿子？算什么皇帝？太后为什么要这样？我恨她！痛定思痛之后，宋仁宗立即下发诏书，公布事实真相，当着文武百官、天下百姓的面，深刻反省自责，追封李妃为皇太后，并下令按照新的规格和标准改葬母亲。

宋仁宗迫不及待地率领百官亲临墓地，当众开棺。然而，眼前的一幕却刷新了他的认知。只见棺材中的李妃穿着打扮全部按照皇后的规格，脸部的皮肤如新，因为水银的保护而没有腐烂。宋仁宗仔细地端详着这个从未见过的母亲，心中的怨恨也消散了，好在刘太后给了母亲最后的尊严和待遇，让他能够目睹母亲的容颜。他又想起了与刘太后一起的经历和时光，她虽然不是生母，却也把自己当作亲生儿子来培养。没有刘太后，他又怎能坐上皇帝的宝座？

刘太后没有亏待过我，也没有亏待我的生母，宋仁宗摇了摇头，感叹道："唉，传言哪能都相信呢？"他下令给李妃唯一的弟弟李用和加官进爵，同时，也给刘太后家族的人提升了地位与待遇。

吕夷简因为高瞻远瞩的劝告和建议，也赢得了宋仁宗的敬重。宋仁宗亲政之后，吕夷简又时刻维护皇上的地位与权力。

庆历初年，宋仁宗生了一场大病，身体痊愈之后，迫不及待地召见大臣。接到通知的吕夷简"戏精"上身，故意放慢脚步，动作迟缓。进入宫殿之后，依旧小步前行。大臣不急，太监急了。传话的宦官忍不住催促，皇帝急着听你汇报工作，你倒好，来宫里遛弯吗？主仆二人见面之后，宋仁宗也很不解，你为何姗姗来迟呢？难道我的命令不好使了？吕夷简冷静地答道："陛下生病之后，天下人非常担忧，外族人十分关注。如果别有用心的人听说您火速召见大臣，而我们又飞奔而来，必定会横生事端。"（咱们大张旗鼓地跑进皇宫，天下人会怎么想？难道是皇帝大限到了？那些蠢蠢欲动的人会怎么做？内部人趁机叛乱，外族人趁机入侵。）

虽然吕夷简此番行为与话语的表演成分过重，但是，不得不承认，他的确是站在维护皇权和国家的角度上来看待问题的。因此，宋仁宗很感动，竖起了大拇指，不愧是宰相，考虑事情就是比一般人周到。

吕夷简始终表现出一副"深爱"皇帝的模样。有一年，御史中丞（御史台的长官，地位仅在丞相之下，负责监督弹劾百官）的职位一直空缺。吕夷简的政敌向宋仁宗打小报告："臣听说吕夷简私下答应了苏绅，所以故意空着御史中丞的位置，准备留给他。"这一招很毒，当事人的回应稍有差池，就会给皇帝留下任用私人的不良印象。

看吕夷简如何瞬间化解危机。

他不慌不忙地答道："御史中丞乃是负责监督百官的首领，自宰相而下，他都可以弹劾。这么重要的人，自然要由圣上来选用，臣等岂有权力私下做决定？"（寥寥几句，不仅抬高了皇帝，还撇清了嫌疑。此时此刻，如果辩解他跟苏绅没有关系，万一人家拿出人证、物证呢？如果临时推荐他人，皇帝会不会觉得你在刻意回避呢？吕夷简的话维护了皇帝的权威，满足了他的权力欲。选人用人的权力当然是皇帝您的，其他人岂能自作主张？宰相和大臣都不过是您意志的执行者而已。我之所以空着，就是在等您定夺啊！）

皇帝听了很高兴，这个宰相不错哦！手握大权而不独揽，"自是知其直矣"。真是一个忠诚可靠的好人！

当然，吕夷简也不完全是靠机智与口才来化解突发危机的。他能够稳坐宰相的头把交椅，还依靠遍布宫廷的"眼线"和"间谍"，随时准确地了解皇帝的想法和大臣的谗言。他利用宰相的权力，提高皇家宗室、宦官们的待遇和工资。经过一系列针对性极强的施恩活动，宫中的一批人主动为吕夷简提供"情报"，让他能够随时掌握突发事件，做好应对方案。

吕夷简做人做事虽然非常圆滑，时不时也会耍一些手段和权谋，甚至还有点小坏，却并非是一个祸国殃民的奸臣。他始终站在刘太后、宋仁宗的角度上考虑问题，极力维护他们的权威和面子，赤胆忠心，甘做配角。也会为国家、百姓做一些力所能及的好事：用兵西夏，安定边疆，举荐贤才……

在眼光如炬、明察秋毫的一代名君宋仁宗面前，如果没点真本事、真品格，是很难得到如此重用的。口才炫技的前提是要赢得对方充分的好感与信任。

古人常说，伴君如伴虎。吕夷简虽然跟老虎的距离最近，却能够安稳度日，吟唱夕阳红。他晚年患上重病，主动请求退休。听说胡须可以作为治病药引子的宋仁宗竟然毫不犹豫地剪下自己的胡子送给吕夷简。

身体发肤，受之父母。普通人尚且不能轻易破坏，何况是一国之君？吕夷简老泪纵横，恨不得再伺候皇帝五百年。然而，他终究抵不住死神的召唤，没过多久，就去世了。消息传到宫中，宋仁宗神情黯淡，罢朝三日，追赠吕夷简为太师、中书令。

一个优秀的辩士必定是琢磨人性、分析形势的高手，轻松拿捏对方内心深处的担忧、恐惧。他们始终站在别人的角度来考虑问题，消除对方的恐惧，激发对方的斗志，畅想对方的未来，让对方获得更大的好处和利益的同时，自己也得到了想要的东西。口才不是唾沫横飞的表演和骗术，而是你好我好的"双赢"和互惠。当然，在实现目标的过程中，必要的技巧和计谋也是不可或缺的。比如，搞笑的方式往往能瞬间拉进彼此的距离，产生意想不到的效果。

特别会说话的小技巧

1. 要忠诚于自己的领导，让他感觉你很尊重他。
2. 善于从各方渠道收集各种信息，从而做到心中不慌，预判危机。
3. 抓住机会，适当地表露自己的忠心与诚意。

第二章

搞笑，不过是咱表面的掩饰

喜剧比悲剧更能让人接受，适度地幽默搞笑，可以缓解紧张尴尬的气氛。

想要成功地劝说别人，尤其是劝说领导，得先让他心情愉快，放下戒备。恰当的幽默与笑话，可以将生活中的道理融入无厘头的形式之中，在出其不意的反转中突出理想与现实的巨大差距，让人大笑之后，主动反思人生。看淳于髡、东方朔、纪晓岚如何利用"脱口秀""吐槽大会""相声"等搞笑方式，来增强自己的劝说效果，让对方在愉悦的心情中认识并改正自己的过错。

淳于髡

——极品赘婿的脱口秀表演

你猜，我说的是啥？

在春秋末期的齐国，流传着一个风俗：长女（被称为巫儿）不能出嫁，必须待在家中主持祭祀活动，否则，这家人就会冒犯祖先或神灵。想要留住长女，只能招上门女婿。于是，那些经济贫困、"无房无车"的男人就有了一个新选择——成为赘婿。

一个长相一般、身材一般、个子不高、经济不好的齐国男人，左看右看，上看下看，都不像能拿得出彩礼娶老婆的人。但是，他的眼睛里透着坚毅的光芒，昂首挺胸，走路带风，不到七尺的小身板硬是整出了九尺男儿的霸气。只要他一开口说话，就像脱口秀，噼里啪啦，引得大家笑哈哈。大户人家选女婿，关键看气质！因此，外形有点简陋的他被一个比较富裕的家庭看中，招为上门女婿。转眼之间，菜篮子稳了，钱袋子也鼓了。借助妻子家良好的物质条件，他开始潜心读书，游学四方，很快成了一个知识渊博、口才一流的人。

大家都知道了这个"极品赘婿"的名字——淳于髡。

所谓时势造英雄，齐国正经历一场变革，淳于髡也顺势扶摇直上。

春秋时期的齐国由姜子牙建立，经过历代君王的努力，齐国成了一个实力雄厚的诸侯国，文化开放包容，百姓生活富足。但是，到了春秋末期，齐国逐渐衰落，政权被各个大家族世代把持。最后，田氏家族赶走或杀死了其他家族的人，成了左右齐国皇帝"选举"的唯一大族。权力的稳固激发了野心的膨胀，田氏子孙田和将当时齐国的大王齐康公赶到一个海岛上，只提供些许"人道主义"的物质帮助，以便姜姓子孙能够祭祀齐国的祖先（"食一城，以奉其先祀"）。

赶跑大王，田和有了飞一般的感觉，江山也得轮流做，我不做谁来做？他迫不及待地自立为国君。因为是和平演变，为了尽量减少大伙儿的不适应，仍然沿用齐国的名号。后世的人为了区别春秋时期的齐国，称战国时期的齐国为

"田齐"。从此以后，姜太公建立的齐国经过"二手买卖"，成了田姓家族的了。

田和也完成了从大夫到齐太公的华丽转型。他死了以后，长子田剡（齐废公）即位。但是，君王的宝座太诱人，田和的次子田午不服气，凭什么大哥做大王，而我不能？于是，他发动政变杀了亲哥哥田剡。为了稳定局势，田午立大哥的儿子田喜为君王。在一步步剪除了异己分子之后，田午又杀了侄子田喜，自己做了大王，成为"田齐"的第三位君主，用的名号也是齐桓公。因为容易与"春秋五霸"之一的齐桓公姜小白相混淆，又称之为"田齐桓公"或"田桓公"。同名号，但不同姓氏！

相互残杀，争名夺利，在春秋战国时期成了一种"时尚新潮流"，大家早就见怪不怪了。谁来做皇帝无所谓，只要有吃有喝就行。"彼窃钩者诛；窃国者为诸侯。"

此时的齐国危机四伏，没有了春秋时期的实力与光芒，周边的国家虎视眈眈。怎么才能发展壮大齐国呢？战国时期，什么最重要？人才！如何吸引全天下的人才为我所用呢？

一天，田午路过都城临淄（今山东省淄博市临淄区）的一处城门——稷门，这个地方有很多南来北往的各国人，经商的、游玩的、求学的、走亲戚的，等等。此处地势平坦开阔，适合盖房子。田午的脑袋突然灵光一闪，有主意了！

何不在这里建一所学校？聚集天下有学问的人、想学习的人，给他们提供优厚的待遇，尊重他们的建议，做到待遇留人、感情留人！

对，就这么干！田午命人建造了一个学宫，因地处稷门附近而得名"稷下学宫"。一所由官方举办、私家主持（产权与出资是官方的，私人来经营管理）的特殊形式的高等学府就这样诞生了。广告做得好，不如稷下学宫的位置与待遇好，各国读书人纷纷涌入学校。这里不仅能读书学习、发表见解，还有吃有喝有房住。一旦自己的政治主张受到齐国君王的重视，立即飞黄腾达，进入官场。

淳于髡凭借渊博的学识成了首批稷下先生之一，不仅拿着高额工资，还能阅读数不清的书籍。一时间，他幸福得像花儿一样。有了人才的帮助，田午总算让齐国安定下来，剩下的时间就交给子孙了。很快，著名的齐威王（田因齐）闪亮登场。

原本等着新朝新气象的淳于髡傻眼了，新大王整天饮酒作乐，夜夜笙歌，和大臣们成了熟悉的陌生人。什么治国理政，什么天下百姓，他一概不管。每天喝得如醉汉，躺着如睡神。大臣过来劝诫，被他破口大骂。别跟我谈理想，拥有一切的我，还需要那虚幻的玩意吗？

确认过眼神，这孩子不是对的人！从上到下的官员们一致认定：齐威王是个典型的昏君。小人们、贪官们高兴了，咱们的美好时代来临了，懒政，贪污，残暴，害人……牛鬼蛇神统统揭开了原来的伪善，彻底放飞自我。

淳于髡忍不住了，即便家里有矿，也不能无底线地挖啊！得想个办法劝劝大王。他知道齐威王喜欢隐语（不直说本意而借别的词语来暗示的话，类似于现在的谜语），便收集了各种小故事，跟齐威王玩起了猜谜游戏。有一天，他趁着进宫的时候说道："大王，咱们国家有一只神鸟，栖息在宫殿的庭院中。三年以来，既不飞翔，也不鸣叫，您知道它想干什么吗？"

智商在线的齐威王明白其中的意思，神鸟说的不就是我吗？他也用隐语给出了答案："别急！这只神鸟不飞则已，一飞起来，绝对直冲云霄；一叫起来，必定惊天动地。"

是时候展现真正的技术了！

齐威王突然转变画风，一出手便是撒手锏。他早就命令各路人马暗中调查官员们的言行举止，收集他们贪污腐败的证据。然后，火速召集七十二名地方官赶到朝廷，架起大锅，燃起柴火，直接将没有政绩、只知贿赂的官员——阿大夫以及大批昏庸无能的官吏扔进了滚烫的开水中。紧接着，他又树立先进典型，表彰奖励了因为不愿意贿赂而常常被人毁谤、政绩优秀却无人赞赏的即墨大夫。齐威王让大家用肉眼见证了奇迹：我不飞则已，一飞冲天，谁都别想在我的眼皮底下搞小动作。

从此，齐国大臣都老老实实办事，踏踏实实做人，再也不敢文过饰非，大搞形象工程、形式主义。在齐威王大刀阔斧的改革下，齐国渐渐强大起来。敢于劝诫、忠诚可靠的淳于髡被封为上卿（高级官员），凭借出色的口才与智谋，成了外交风云人物。

二十万的预算，你让我买豪宅？

公元前 349 年，楚国举兵来犯。齐威王一时难以招架，便派淳于髡到赵国请救兵。看着大王给的礼品：百斤黄金，十辆马车。淳于髡蒙了，您这活动经费也太寒碜了吧？我是去求人搬救兵，不是娶老婆给彩礼，您这不是让我把脸丢到赵国吗？您想用两万块钱的预算，让我开辆"劳斯莱斯"回来？

但是，面对一国之君，他又不能直说，只能发挥演技，仰天大笑，哈哈哈！夸张得把系帽的带子都笑断了。齐威王不解，这家伙发神经吗？问道："你干啥笑成这样？"

"哦，我刚刚想到一个笑话。今天早上，我从东面来的时候，碰到一个在路旁祭祀神灵、乞求消灾的人，祭品却仅有一只猪蹄、一杯酒。他口中振振有词，神啊，求求您，让旱灾常发的高地、洪水常发的低地都能种啥长啥吧！让我家的粮食堆满仓吧！我觉得好搞笑。他就拿出那么一点祭品，要求还不少，就不怕神灵吃不饱而发怒吗？"齐威王明白了，这老家伙是在讽刺我啊！不过，他说得对，求别人帮忙，不出点血怎么行？齐威王马上将礼品改为黄金千镒、白璧十双、车马百驷。

有钱好办事！

淳于髡在赵国的外交工作进行得很顺利。赵王看着齐国的大礼，你们爽快，我也豪气，立即派出精兵十万、战车千乘。听到消息的楚王只能连夜撤兵。

淳于髡回国之后，齐威王很高兴，大摆宴席，来，咱们喝个痛快！不一会儿，醉醺醺的齐威王看到淳于髡依然面不改色，好奇地问道："先生喝多少才会醉呢？"淳于髡感觉劝说大王少喝酒、多干事的机会来了，故意吊起对方的胃口，说道：“臣喝一斗（相当于十升）也醉，喝一石（十斗）也醉。”

“喝一斗就醉，怎么还能喝一石呢？”齐威王笑了，这家伙原来早就喝糊涂了。

“在大王面前，我心情紧张，喝一斗就醉了。如果家里来了贵客，我在旁边小心陪酒，喝不到二斗就会醉。如果来了好友，一边闲聊一边喝，我差不多可以喝五六斗。如果参加乡里盛大的聚会，大家无拘无束，一边玩一边喝，我大概能喝个八九斗。如果晚上继续有人作陪，美人起舞，心里毫无顾忌，我差不多能喝一石。”

齐威王会意地点点头：“难怪，喝酒的心情不同，酒量也自然不一样。”

淳于髡笑了，我举例子，你悟出道理，时机刚刚好！他直接进入正题：“故曰酒极则乱，乐极则悲；万事尽然，言不可极，极之而衰。”享乐是必要的，但不能太过，否则，人就会失去控制。乐极了，就会生悲。

齐威王竖起大拇指，说得好！喝酒也不能过度。从此以后，他开始戒酒。

口才一流、博学正直的淳于髡成了齐威王身边不可或缺的左右手，经常出使各个国家，面对种种突发问题，都能在笑声中轻松化解。

一次，淳于髡出使楚国，带了一只珍贵稀有的鹄（天鹅），作为赠送楚王的礼物。可是，等他刚出城门，鹄就挣脱笼子飞走了。随行人员很慌张，这可如何是好？临时到哪里抓鹄去？淳于髡淡定地命人托着空鸟笼，大摇大摆地去见楚王，一上来就解释道："齐王派我来向您献鹄，我从水上经过的时候，看到它饥渴难耐的样子，有点不忍心，就把它放出来喝水，没想到它飞走了。我感觉对不起您，想要剖腹自杀吧，又担心别人会说您为了一只鸟而逼死人才；买一只类似的鸟吧，又感觉欺骗了您，显得自己不诚信；逃到别的国家去吧，又担心齐、楚两国从此结下仇怨，损害了双方的友情。想来想去，辗转反侧，我还是决定亲自前来向大王谢罪，请您责罚！"（这是用搞笑的反话委婉地告诉对方，不论你怎么惩罚我，都会影响到你自身的利益和名声。）

好家伙，寥寥几句话，就为自己打造了仁爱、勇敢、诚信的良好人设，面对这样风趣睿智的人才，谁还会责怪呢？楚王高兴地说道："先生说得好，不就是一只鹄嘛！寡人真羡慕齐王有您这样忠诚守信的助手，来人，看赏！"淳于髡不仅没被处罚，还有意外收获。高手做事，总是双赢。

尝到了人才帮忙甜头的齐威王又挥出了大手笔——扩建

稷下学宫，向各国人才伸出橄榄枝，只要你们来，要什么有什么！"开第康庄之衢"，修"高门大屋"。对那些有真才实学的人，授之以"大夫"称号，让他们享受大夫的政治地位和工资待遇，给他们充分的时间与自由，鼓励他们著书立说，定期开展学术讨论，激发他们参政议政的热情，接受他们的建议和意见。你们只负责议论说话，我来负责赚钱刷卡！

稷下学宫的规模比田和时期更大，阵容更豪华。淳于髡成了学宫的"首任校长（祭酒）"。他对齐国流行的黄老学说进行了深入的研究和认真整理，提出了新的见解：不要对老百姓过多地干涉，不给他们太多的条条框框。不要没事找事干，把手伸得太长。真正的黄老之学并不是主张什么都不做，而是知道什么事该做，什么事不该做，什么事急着做，什么事缓着做。刻意为之，不如顺其自然，要留给大家充分的自由与时间。

他虽然重视黄老学说，却不排斥、打击其他流派的观点。不管你是阴阳家、儒家，还是墨家、名家，只要有本事，都可以来稷下学宫参加学术研讨，也可以在这里开班授徒。学宫里不搞圈子文化，不搞山头主义，也不搞学术崇拜。允许大家相互辩论，相互发难。作为"校长"，我只负责搭建舞台，做好服务，我的观点你们可以驳斥，你的观点我也可以吸收。真理越辩才能越明确，相互学习才能取长补短。

一时间，稷下学宫成了战国时期"百家争鸣"的核心地带。

天下的人才纷纷涌进齐国。跟着淳于髡，有自由，有尊严；跟着齐威王有面子，有位子。齐国很快晋升为"新一线"强国，走向鼎盛时期，傲视群雄，屹立东方。

既然强大了，怎能不出去秀一秀"肌肉"呢？先找魏国练练手！

魏王十分恐慌，现如今，咱怎么干得过齐国？要不找个人帮忙说说话？找谁呢？

"当红明星"淳于髡是个好人！

哥就是那个神一样的男子

魏国使者带着宝玉和宝马来到了淳于髡的府上，请先生帮我们消灾，一点小意思，请笑纳！推崇黄老学说的淳于髡厌恶战争，国家强大了，就不该打打杀杀，四处征战，而是让百姓富裕起来，快乐起来。

礼品我收下了，忙我也一定帮！帮你们就是帮齐国。

他赶紧入宫劝诫齐威王："楚国乃齐国的仇敌，魏国是齐国的盟友。您现在进攻盟友，仇敌必将趁火打劫。这样做的后果是什么呢？齐国不仅背上弃信忘义的骂名，还会招致四面受敌的危险。您觉得这样的结果，好吗？"

齐威王若有所思地点点头，我干吗要做亲者痛、仇者快的事情呢？罢了，不打了。

可是，主战派的大臣得知淳于髡接受了魏国的贵重礼品，瞬间不淡定了。好你个老家伙，原来藏得这么深！平时看你自我标榜，这回咱们让你人设崩塌。得知情况的齐威王也怒了，难怪你劝我放弃魏国，原来是自己捞到了好处。他立马找来淳于髡，质问道："听说你收下了魏国的重礼，有这回事吗？"

"有！"淳于髡既不狡辩，也不慌张。

"这就是你喊着处处为我着想的策略吗？"齐威王更生气了，你是养肥自己，危害国家！

淳于髡依旧淡定地说道："攻打魏国原本就捞不到好处，齐国本土还可能被人偷袭。我劝阻了您的行动，受益的却不是我一个人啊！大王得到了仁爱的名声，百姓得到了安宁的生活，魏国得到了和平的希望，而我得到了名贵的礼品，对您有什么损失吗？"（不打魏国，你好我好大家好，今儿个咱很高兴，收点小礼咋不行？我在帮助齐国的同时，顺便也拯救了魏国。）

齐威王一时无语，收礼收得如此理直气壮，您老人家还是第一个！不过，你说得对！

消停了一段时间，齐威王经不住主战派的怂恿，又想攻打魏国。淳于髡无奈叹息，战争一起，百姓将会一贫如洗。但是，这回劝说不能采用上次的招数了，得换个方式，还是使用隐语，举个例子吧！他说道："韩子卢，是天下最能跑的名犬；东郭逡，是世上最狡猾的兔子。有一天，韩子卢拼命追逐东郭逡。一个摆出即便吐血也得追上你的架势，另一个拿出即便累死也要甩开你的决心。它们围着大山跑了三圈，翻过山，越过河，又跑了很长的路。前面的东郭逡精疲力尽，喘着大气；后面的韩子卢疲惫不堪，一头栽倒在了路边，活活累死了。有个农夫碰巧路过，嘴巴都快笑歪了，好家伙，今天不费吹灰之力，轻轻松松地抓到了两只世上稀罕的宝贝。晚上做梦流口水，都会是甘甜的味道，一觉到天亮，睡到自然醒。

"魏国虽然被我们打败过，但它的实力还在，您能保证速战速决吗？如果将来我们两军对垒，僵持不下，秦国、楚国必然会抄咱们的后路，必定成为那个笑到最后的农夫。"（淳于髡是个非常正直的人，始终替齐国和百姓着想，不像那些游走各国的策士，为了利益不择手段。当时的齐国并不具备统一天下的实力，而秦国、楚国则在一旁虎视眈眈。稍有不慎，就会掉入他们的陷阱。）

韩子卢和东郭逡的故事很形象，齐威王牢牢地记住了，答应不再出兵，而是休养生息，齐国也迎来了快速发展的黄金时期，国家的钱财堆积如山。所以，齐宣王继位之后，有实力继续扩建稷下学宫。《史记·田敬仲完世家》记载："宣王喜文学游说之士，自如邹衍、淳于髡、田骈、接子、慎到、环渊之徒七十六人，皆赐列第为上大夫，不治而议论，是以齐稷下学士复盛，且数百千人。"

有了雄厚的经济基础和齐宣王的鼎力支持，"校长"淳于髡准备干一件大事：组织稷下学宫的学生和老师们编写书籍。很快，《管子》《晏子春秋》等经典著作横空出世，给后人留下了宝贵的财富。淳于髡始终坚持自由辩论的文化氛围，绝不搞学术门派斗争，谁说得有道理，就听谁的。海纳百川，才能拥有远见卓识。

但是，他渐渐地发现，齐宣王像个典型的暴发户，只喜欢砸钱装土豪，并不真正重视人才和建议。朝廷的"简历"

堆积如山，岗位却虚席以待。得找个机会点点他！听了淳于髡的劝告，齐宣王却双手一摊，你说得不对，不是我不重视人才，而是人才太少啊！

淳于髡笑了笑，等的就是你这句话。于是，他在一天之内向齐宣王推荐了七个能人，看你还说不说咱大齐国没人才了！面对长长的名单，齐宣王摇摇头，我不信，真有这么多能人、贤人吗？我怎么没发现？他叫来淳于髡，问道："先生，我听说，能在方圆千里的范围内找到一个贤人，算不错了；能在几百年里出现一个圣人，就很难得了。如今，您却在一天之内，向我推荐了七位贤人，是不是有点多啊？"（现在人才都这么廉价了吗？您老人家是不是对贤人的定义有误解啊？）

就知道你要这么说，哼哼，难不倒我！这一次，咱来个王婆卖瓜，自卖自夸！淳于髡笑着说道："大王啊，您知道什么叫人以群分、物以类聚吗？同类的鸟儿，总是栖息、聚集在一起；同类的野兽，总是行走、生活在一起。如果我们到低洼潮湿的地方去寻找柴胡、桔梗等药物，别说几天，就是几辈子也找不到一棵，因为这里不是它们生长的地方；如果到山上去寻找，您就会发现柴胡、桔梗遍地都是，多得只能用车子来装载了（先举自然界中的现象，再类比、推演到人类的生活）。万物都是同类相聚的，我淳于髡是贤人，只跟贤人做朋友，所以，我的朋友个个都是德行高尚、才能突出的人。您要是通过我来寻找贤士，还会难吗？就像在河里打水一样轻而易举，想要多少，我就能给您推荐多少。您怎么会嫌我找的人太多了呢？我周围的贤士数都数不过来，岂止这七个？您还要不要了？再给您整点？"（在劝说别人的时候，讲一些有趣的现象、笑话和故事，可以让对方因为开心而放下成见和戒备。）

齐宣王听完，会心一笑，为何跟你老人家聊天，总是既开心满满，又收获多多呢？不服不行！从此以后，齐宣王也像他父亲齐威王一样，特别尊重淳于髡。

真正的大师善于将复杂的技巧简单化，将抽象的道理形象化，淳于髡便是典型代表，常常在笑话、隐语、故事中巧妙地融入深刻的哲理，让对方心情舒畅，自我反思。齐国上至君王，下至百姓，没人不服这个幽默风趣而又见解独特的"老顽童"。他的思想和辩论技巧影响了几代人，其中便有著名思想家荀子。在他去世以后，荀子继任稷下学宫的"校长（祭酒）"。

淳于髡的笑话和谜语之中带有强烈的讽刺意味，因为他德高望重，大家都会给他几分面子。如果你的地位不显赫，又碰到了自负的人,不喜欢你讽谏,但爱听笑话,怎么办呢?那就从吐槽自己开始,适度地自毁形象。东方朔便是用一次次的吐槽,让自己在喜怒无常、残忍暴躁的汉武帝身边安稳地度过了一生。

特别会说话的小技巧

1. 投其所好,对方喜欢什么样的搞笑方式,就针对性地收集相应的资料,然后在日常的相处场合中随机穿插说理。

2. 适度地自吹自擂,反向自夸,可以让对方在强烈的反差中笑出声来,认可你的说法。

3. 当别人提前知道你的缺点或秘密之后,直接承认比巧言令色更能赢得对方的尊重。

东方朔

——吐槽高手的躺平人生

如何让你"爱上"我?

望着北阙(长安城未央宫的北面城门楼,皇帝允许天下人在这里上书)门口犹如蜉蝣般密密麻麻的人群,年轻人的心凉了半截,果然是"大汉绝对垄断性公司",前来求职的人数都数不过来,我这样投"简历"过去,会被皇帝看到吗?看到了还会有印象吗?

如果跟他们一样,那多没个性?我自幼爱好经术,阅遍百家,要长相有长相,要才华有才华,要口才有口才,怎么能浪费自己的聪明大脑呢?

眼睛一闭,就有主意,搞一个漂亮的"求职策划"!

首先,强烈的视觉冲击。他用三千片竹简来写自我介绍和个人想法，然后用了好几辆马车装起来，雇了两个人抬过去。当他带着厚重感十足的"简历"重新出现在北阙的时候，求职者、官员们瞠目结舌，议论纷纷。一时间，年轻人创意非凡的求职方式引起了汉武帝的好奇，这家伙从哪里蹦出来的？到底又写了什么？

终于前进了一小步。

其次，搞笑的内容冲击。在自荐信里，他充分发挥不怕死的精神，开启狂吹自我模式，大意为：我虽然从小失去爸妈，却从来没有停止过学习；十三岁读书，十五岁练剑，十六岁看经典，阅读量已达二十二万字（在汉朝已经算很多了）；但我从不满足，十九岁又开始学习兵法，研究兵器，军事理论著作也读了二十二万字。皇帝陛下，四十四万字啊，试问，谁能达到？

如今的我已经二十二岁，毫不夸张地说，我这小伙子长得帅呆了，个子高，眼睛亮，牙齿白。除了帅，我还勇猛、敏捷、忠诚、守信、廉洁……只有您想不到的，没有我做不到的。对面的皇帝陛下看过来，我这样的人，有没有资格做您的大臣呢？

花了两个月才把自荐信读完的汉武帝哈哈一笑，这小伙子，有意思！让他待诏公车署。"待诏"相当于编制外人员或者公司储备干部，没有正式的官职，但是给你发工资，让你随时待命。

从此，汉武帝记住了这个年轻人的名字——东方朔。

但是，仅仅是记住，并没有实质性的奖励。东方朔焦急地等待着，盼望着，时不时远眺一下未央宫，皇帝大人，您什么时候召见我啊？我这边等得花儿都谢了。难道我花那么多钱打造出几车重的"简历"，就是为了拿这点还不够塞牙缝的工资？投资回报率也太低了吧？

不行，我不能这样等下去，得想个办法。东方朔又策划了一起自我推广活动。

当时，皇宫里有几个侏儒（身材异常短小者），平时除了给皇帝养马，还为皇帝取乐，所以时不时能够见到汉武帝。东方朔从他们身上找到了突破口，这些人自卑胆小，震慑的手段绝对有用。他跑到侏儒们身边套近乎，故意危言耸听道："你们啊，离死不远了。皇帝说你们这些人一不能种地，二不能打仗，三不能治国，毫无用处，留着没意义，看多了心烦。他老人家正准备把你们都砍了，还不赶快去向他求情？"

侏儒们一听，吓得半死，赶紧跑到汉武帝面前，痛哭流涕，磕头求饶。汉武帝蒙圈了，这怎么说的？我没说要杀你们啊？

啊？侏儒们也蒙了。

得知事情经过的汉武帝终于反应过来，原来是那个吹牛不打草稿、写字浪费竹简的东方朔啊！嘿，这次他又想干吗？难道有什么好玩的事？汉武帝立刻下令，召来东方朔，故作生气地斥责道："你竟然敢假传圣旨，我看该死的人是你吧？"

东方朔早就摸清了皇帝的脾气，能让他开怀大笑，就不会有危险。于是，他开始疯狂吐槽："唉，我实在迫不得已啊！侏儒们身高只有三尺，而我身高九尺，却跟他们的工资一样多。他们吃一碗饭就饱了，我行吗？您看他们圆鼓鼓的小肚皮，再看我这干瘪瘪的大身板。您总不能撑死他们，饿死小臣吧？陛下如果不愿意重用我，就干脆把我打发回家。不然，我留在这里，也是浪费京城的粮食嘛！"

呵呵，哈哈！汉武帝大笑，这家伙总能出其不意地制造点喜剧效果，留在身边图个乐子也不错嘛！好吧，你到金马门待诏。

金马门离皇宫更近了，有很多机会可以陪"下班"后的皇帝玩游戏。

机会来了，就要牢牢抓住。

有一次，汉武帝玩射覆游戏（将某个东西盖在盆或者坛子底下，让大家猜里面是什么东西）。他将一只壁虎藏在了一个密封罐子里，大家猜来猜去，无人猜中。东方朔举手示意："我学过《易经》，擅长推算，要不让我来试试？"

哦？你还会推演测算？快来，快来！

东方朔神神叨叨地用蓍草（算卦占卜用的草）排成各种卦象，然后掐掐手指，念念碎语，郑重地说道："说它是龙，但无角；说它是蛇，但有足。它靠着肢体扭动而前行，还是个爬墙高手，我猜这东西不是壁虎，就是蜥蜴。"

高手啊！汉武帝立即赏赐了东方朔十匹帛。后来每次皇帝玩射覆游戏，东方朔必能猜中，次次得赏，风头盖过了汉武帝身边的人。有个受宠的伶人郭舍人不乐意了，这样下去，皇帝还会喜欢我吗？他向东方朔发来公开挑战书，咱们在皇帝面前比试"猜猜猜"，如何？

没问题，小样儿，我正愁没机会表现呢，放马过来！东方朔不慌不忙，胸有成竹。

结果，无论郭舍人放什么东西，东方朔一猜即中。老伙伴们都惊呆了，东方牛人，你是真的牛！

经过不断策划和表现，东方朔终于被汉武帝封为常侍郎，正式进入了"中央体制"内。至于他为何每猜必中，史书没有记载。但从东方朔为了求职拼了老命、不惜血本的行事风格来看，十有八九是他花钱买通了对方身边的下人或亲戚，提前打听到了谜底，否则哪有那么巧？只是间谍的身份很难公开，史书也不可能记载得那么详细。

东方朔的行为常常夸张搞笑有创意。因为官职比较低，工资不高，所以他总爱贪点小便宜。汉武帝时不时地会奖励身边的人跟他一起用饭，东方朔常常吃着碗里的，看着锅里的，每次都把吃剩的肉揣在怀里带回家，衣服也被油弄脏了。看到如此情形的汉武帝同情心泛滥，随手赏赐东方朔一些绸绢布料，拿去，补贴家用！这些东西乃是民间市场上的稀缺货，拿出去一转手，绝对获利多多，生活不愁。于是，东方朔想到了一个赚钱的好方法：故意弄脏衣服，得到皇帝赏赐，拿去市场变现。布料换金银，生活更带劲。

有时贪小便宜，也会惹怒汉武帝，东方朔总能凭借搞笑的方式轻松应对。

搞笑，是为了更好地生存

有一次，汉武帝赏赐肉（在那个时候，肉食并不是普通人能吃得上的）给侍从们。但是，负责分肉的官员不知道什么原因迟迟没来，东方朔等不及了，他干脆操起刀，切了一块属于自己分量的肉，在同事们惊诧的眼神中大摇大摆地回家了。负责分肉的官员听到此事很生气，这家伙眼里还有没有领导了？我没来，你就自作主张？不行，我要上奏皇帝。汉武帝找来东方朔责问道："昨天赐肉，你为什么不等人过来，就私自割肉走了？"

东方朔很清楚，直接辩解毫无用处，咱这位皇帝是个喜怒无常的人，怒是无常的，喜当然也是无常的。只要逗得他开心，他必定会转怒为喜。皇帝一高兴，咱就没问题。于是，他自编自导了一出个人音乐秀，一边弹琴一边唱道："东方朔啊，东方朔！你接受了赏赐却不等待诏令下达，这是多么无礼呀！挥舞宝剑切肉，多么豪壮呀！割肉很有分寸，又多么廉洁自爱呀！回家送给妻子，又多么仁义呀！"（正话反说，反话正说，前后反差容易制造喜剧效果，让人在意想不到的反转中获得快乐。）我让老婆也尝尝皇帝赏赐的美食，不更证明我是个有情有义的汉子吗？

汉武帝乐了，嘿，这个"音乐秀"有意思，真有意思！这家伙居然反过来表扬自己，我还从未见过如此厚颜无耻之人！形式有创意，内容很搞笑，惹得老子哈哈笑。

"好你个东方朔，让你自责，你却反过来称赞自己。"罢了，罢了，冲你这智商和情商，我不仅不追究你，还要赏赐你。东方朔因此又多收了三五斗：一石酒、一百斤肉。

行为、说话方式异于常人的东方朔将自己成功塑造为汉武帝身边的搞笑担当，大臣们都觉得他是个"疯子"，没啥真本事。汉武帝却摇摇头说："你们以为'喜剧之王'是那么好当的吗？一旦东方朔认真严肃起来，你们还能比得上他吗？"（表演喜剧往往比表演悲剧更需要高智商。）

听了闲言碎语的东方朔不以为然地说道："大隐隐于市！你们都觉得隐居深山的才是高人，为什么隐居朝堂的人就不是高人呢？"（在朝堂隐居，有什么不好？难道只有跑到深山，让一家人都跟着自己忍饥挨饿的才算高人吗？）

每当喝酒喝到尽兴之时，东方朔就会趴在地上高唱："隐居在世俗中，避祸在金马门，身处闹市也可以保全自己，何必要跑到深山老林里呢？"聪明的东方朔明白，跟着汉武帝这样有雄才大略但喜怒无常的皇帝，即便积极作为，出谋划策，到头来依然可能被杀掉或被流放。主父偃、朱买臣、董仲舒等人，不都是鲜活的例子吗？东方朔虽然没能建立名垂千古的大事业，却也潇洒走一回，颐年乐无忧。

面对别人的嘲讽和指责，他也会横眉冷对，引经据典，予以反驳。

有一天，朝廷召集了一批知识渊博的人前来商议政事。大家看到东方朔也在其中，嗤之以鼻，这家伙除了搞笑，能干啥？跟他坐在一起，岂不降低咱的身份？众人共同发难，嘲讽道："苏秦、张仪一碰到有为的君王，就能飞黄腾达，展示才能。据说您老人家长期研究治国理政的理论，熟读诸子百家的著作，又有纵横捭阖的本事。自认为天下无双，见多识广。你竭尽全力地侍奉圣明的皇帝陛下数十年，依旧是个小小的侍郎，为什么呢？"

尖酸刻薄，毫不客气。普通人定会暴跳如雷，东方朔却昂首挺胸，在险恶的朝堂上混，就得脸皮厚、口才好，让你们看看我真正的实力。他反驳道："以你们的学识又怎么能够了解真理呢？时势造英雄，苏秦、张仪所处的是什么时代？当时，周王朝已经衰弱，天子不受诸侯王待见。群雄并起，拼命发展各自的实力，得到人才，就会强大；失去人才，就会消亡。所以，君王们对人才言听计从。现如今，又是什么时代？圣明的陛下执掌朝政，威震四方，诸侯归顺，外族臣服，天下稳定，融为一体。朝廷下达命令，推行政策，如同翻转手掌一样简单。你们凭什么来判断别人是否贤能与无用呢？世人奔走游说，车如马龙，竞相来京城献计献策的人数不胜数（当年我不就是费尽九牛二虎之力才得到皇帝关注的嘛），可结果呢？大部分人找不到门路，进不了官场，穷困潦倒，浪费人生。如果张仪、苏秦活在当下，他们可能连一个基层小官的职位都求不到，怎么还会像我一样成为常侍郎呢？古人说：'天下没有灾害，即便是圣人，也无法施展才能；君臣同心，尽职尽责，即便是贤人，也无法建立功业。'（分析形势对个人的影响，反过来将对方一军，难道你们觉得皇帝不是明君吗？觉得他不会用人吗？这一招够狠，搬出皇帝做挡箭牌。）所以说，时代不同，形势也会变化。

"虽然我们暂时无法发挥才能，但是，可以加强自身修养啊！《诗经》上说：'人在宫内敲钟，声音可以传到宫外；鹤在水边鸣叫，声音可以传到天上。'如果不断完善自我，还担心不能获得荣耀与职位吗？姜子牙坚持修身七十二年，最终遇到了周文王，建功立业，名扬后世。那些高明的隐士，虽然一时半会儿没被重用，却能独处自乐，修身养性。远看许由（远古时期的隐士），近观接舆（春秋时期的隐士），智谋堪比陶朱公，忠诚可比伍子胥。身处和平稳定的时期，他们无法展示才华，也没多少人关注。可是，他们颓废了吗？沉沦了吗？你们为何只对我有所怀疑呢？"（东方朔很聪明，把自己跟皇帝绑定在一起了。我现在之所以没像苏秦、张仪那样风光无限，是因为当今的皇上光芒四射，智慧过人，该考虑的，他都为我们考虑到了，咱们只要认真执行政策就行了。我倒是问你们想干吗？是不是觉得当今的皇上不够圣明？是不是觉得他治理不好国家？是不是觉得咱们现在还不够幸福？如果我是你们，就先闭嘴，然后想尽办法提升自己，少在这里咋咋呼呼，道人是非。现在的我虽然没有飞黄腾达，但是，我不断修炼本领与品德，总有一天，会像姜子牙那样，一飞冲天。即便实现不了目标，我也会为陛下出谋划策，尽忠职守。）

东方朔举例子，作对比，委婉而有力地驳斥了对方，顺带还表扬了自己。众人目瞪口呆，东方老兄一旦正经起来，真是惊天地、泣鬼神！咱以后别惹他。

搞笑不过是我身处旋涡中心的自保方式，是他人对我的误解，其实，我才是妥妥的实力派。但是，东方朔明白，在具有雄才大略的汉武帝面前，不能天天搞笑，时不时也得展现一下自己的忠诚与能力。否则，岂不成了皇帝随时可以抛弃的玩物？

该出手时就出手

有个人因为误杀了上林苑（皇帝游玩打猎的地方）的野

鹿，被判了死罪。东方朔趁机劝诫道："这个人确实该死，理由有三点：一是逼得陛下您因为一头鹿而杀人；二是让天下人都知道陛下看重鹿而轻人命；三是匈奴来犯，正需要鹿角协助，去撞死匈奴兵。"他这是正话反说，陛下您要是因为一头鹿杀了人，天下的人都会知道，您不是个仁义的君王。如今，匈奴来犯，您是觉得鹿能帮您打仗，还是人能帮您退敌呢？留着一个人，戴罪立功也好嘛！

聪明的汉武帝自然能听懂言外之意，有必要为了一头畜生而杀人吗？他沉默不语，最后赦免了杀鹿的人。

东方朔早就把汉武帝摸得一清二楚：一个天使与魔鬼的化身，一个智慧与冲动的结合体。你光搞笑，他会以为你才能平庸；你只进谏，他会以为你沽名钓誉；你只干事，他会认为你野心勃勃。侍奉这样的君王，逗他开心的同时，会进谏、会干事，他才不会因为一时冲动而把你杀了。

有一次，汉武帝听信了术士栾大等人的鬼话，花费了大量的精力、人力和物力去寻求长生不老药。没想到，栾大还真把"不死药"找回来了，反正喝下去，谁知道几十年以后的事情？你敢喝，我就敢找。这种风险小、回报高的事情，干吗不做？

聪明绝顶的东方朔自然明白其中的道理，栾大那小子除了会忽悠，还能做什么？如果皇帝继续被他欺骗，还不知道要浪费多少钱财，冤死多少百姓。可是，又不能直接跟皇帝说：栾大说的是假话，找的是假药。万一那小子反咬一口说：你的证据呢？你怎么知道仙药没用？怎么办？

我是不能证明它没用，但你如何证明它有用呢？棘手的问题，就交给对手来回答。

东方朔直接端起"不死药"的杯子，咕咚一口，我先为陛下试试药的真假。汉武帝看着好不容易到手的"仙药"就这么没了，怒火中烧，朕要将你千刀万剐。东方朔不紧不慢地说道："哎呀，陛下如果杀死了微臣，就证明这药是假的。如果人喝了就会永生，我还死得了吗？"

汉武帝多聪明，他自然明白世上根本没有什么"不死药"。找药，喝药，只不过是求个心理安慰罢了。好你个东方朔，真拿你没办法，原谅你了！

有的时候，遇到无法凭借搞笑手段劝说的事情，东方朔也会硬气一回，犯言直谏，让大家刮目相看。

汉武帝的姑母馆陶公主（刘嫖）年轻时野心勃勃，费尽心机让女儿陈阿娇和刘彻（后来的汉武帝）定下了娃娃亲，但风流成性的汉武帝并未兑现年幼时候金屋藏娇的承诺，最终将陈阿娇从皇后的位置上赶了下来。刘嫖也因此失去了权势，没了政治上的前途，她又将人生寄托在了"小鲜肉"身上。五十多岁的她守寡在家，不甘寂寞，看中了一个生意人家庭出身的少年——董偃。

当时的董偃还小，刘嫖不好下手，便将"小小董"养在了家中，用"偶像派"的标准全方位、立体式包装他。很快，"小小董"成长为一个精通才艺、长相俊美、柔情似水的大帅哥。六十多岁的刘嫖彻底沦陷了，地下的老公，对不住了，我又恋爱了！

很多人知道了这个皇家"秘闻"，但是，谁也不敢犯言直谏。在刘嫖的强烈建议下，汉武帝也迷上了那个"如花似玉"、搞怪会玩的美男子，经常召见他，让他跟随自己射猎、斗鸡、踢球、赛狗、跑马……

东方朔看在眼里，急在心里，这样下去，皇帝还会关注我吗？我搞笑只是手段，治国才是目标，董偃这家伙手段和目标都是吃喝玩乐，玩物丧志。陛下难道沉沦了吗？得给他提个醒！

一次，汉武帝准备在宣室（泛指帝王所居的正室）设宴款待董偃和刘嫖。

东方朔直接将汉武帝拦下，冒死进谏，直接列举董偃的三大罪状："身为臣子，私通公主；破坏婚姻礼制，伤风败俗；引诱陛下养狗斗鸡，贪图玩乐，妨碍您勤奋读书，处理朝政。从前，宋恭姬守寡几十年，虽然死于火灾，却因为恪守礼制、忠于婚姻而受到了诸侯们的尊敬。陛下，您要怎么处置董偃呢？"（列举条目之后，又搭配一个正面的例子，增强说理的效果。）

面对东方朔的突然转变，汉武帝震惊了。平时嬉皮笑脸、专注搞笑的人竟然还有这一手？刮目相看，刮目相看啊！但是，姑母守寡在家，我已经对不起她的女儿了，总不能连她身边的"心仪对象"也赶走啊？汉武帝沉默片刻，辩解道："你说得也有道理，但是，我已经设下酒宴，来不及了，下不为例，以后再改正吧！"

眼看皇帝的态度软下来，东方朔乘胜追击："不可以！宣室乃先帝的正殿，不为国家办事的人，绝不能进入。历史上有多少因为淫乱而引起的叛乱啊！齐国因为竖刁勾结易牙而陷入困境，鲁国因为庆父突然死去才得以保全，周王朝因为诛杀管、蔡二人而得以安宁。"（东方朔学识丰富，举了很多玩物丧志的历史典故，用史实说话。）

历史故事犹如画面浮现在汉武帝的眼前，他犹豫了，害怕了，是啊！有多少因为宠信小人最后凄惨地死在了小人手上的君王呢？东方朔说得对。好吧，听你的！汉武帝将酒宴改在了北宫，从此以后，也疏远了董偃。

东方朔又得到了大量的赏赐。在贤明而强势的主子面前，偶而展示一下你的霸气和底线，他反而对你更加尊重。

"吐槽大师"也抵不住死神的召唤，在生命将尽的时刻，东方朔撑着最后一口气，豁出去了，搞笑一辈子，正经一瞬间，让你们看看，喜剧的本质是什么！他一脸严肃地劝诫汉武帝："《诗经》上说，飞来飞去的苍蝇，喜欢停留篱笆之上；慈祥仁爱的君子，总能远离是是非非。人世间，最可怕的是谣言，四处播散，见缝插针，无休无止，扰得人才和国家不得安宁。希望陛下远离那些巧言献媚的小人！"（您老人家千万不要成为苍蝇、害虫们停留的篱笆，更不要成为小人、奸臣们逢迎的君主。）

身处权力中心，东方朔看到太多忠良受害、小人得志的事情，也有过被人诬陷、遭人诽谤的经历。如果一个君王耳朵根太软，听风便是雨，会因为一时冲动而错杀好人，也会因为一时怒气而草率行事。因此，东方朔用搞笑来掩盖自己的政治才能。只有让皇帝觉得你没野心，他才会对你放心。只要好好地活着、善良地活着，又有什么遗憾呢？

汉武帝很震惊，感叹道："东方朔怎么说话如此正经了？难道是要死了吗？"

没过多久，东方朔真的去世了。在嗜杀成性的汉武帝手下干活，能够平平安安地老死，也是一种幸福！

"客户"喜欢什么样的搞笑方式，那就投其所好。他喜欢笑话，那就讲笑话；喜欢金句，那就说段相声，整点段子。清朝的纪晓岚便是一位"捧哏（相声中的'配角'）"高手，让"自大狂"乾隆皇帝开开心心地做"逗哏（相声中的'主角'）"。

特别会说话的小技巧

1. 用夸张的形式与创意来引起对方的好奇和关注。
2. 在强势的领导面前，既要善于守拙，也要找机会展示一下能力和实力。
3. 面对别人的嘲讽和指责，引经据典，摆出事实，霸气回撑。

纪晓岚

——耍嘴皮的"段子手"

学识渊博，才会创作"段子"

纪晓岚的前半生凭借高智商一路开挂，从小就得了"神童"的光荣称号。二十岁参加秀才考试，获得第一名。参加顺天府乡试，又得了第一名，并受到主考官刘统勋的赏识。通过会试之后，顺利参加了殿试，考中二甲第四名，成了翰林院的庶吉士。虽然比不上一甲前三名那么风光，不过起点已经算很高了。

清朝科举最高一级的考试——殿试，按照考生的成绩进行排名，一甲（一等）三个人，分别是状元、榜眼、探花。状元直接担任翰林院修撰，榜眼、探花担任翰林院编修。主要职责是修修历史、上上"思想教育或文化修养课"、记记皇帝言行，以及起草公文等。明清的翰林院是皇帝的秘书机构，这里的人一旦哪天被皇帝赏识，直接进入中央机构，成为高官甚至宰相也不是梦。二甲、三甲考生中擅长文学与书法的人也可以担任庶吉士，相当于翰林院的临时工，但这个临时工可不同于一般的临时工，直接服务于皇帝，负责起草诏书，为皇帝讲解经典名著等。只要有才能，也容易受到重用。庶吉士中有很多风云人物，比如张居正、曾国藩、蔡元培等。只要在翰林院待过，不管是正式工，还是临时工，都比普通官员拥有更多升职加薪的机会。

纪晓岚突出的文学才华和随机应变的能力，很快引起了皇帝的注意。

据说有一次，乾隆皇帝在南巡途中，经过通州，看着南来北往的车辆，触景生情，在我英明的统治之下，国家如此繁华，不错，不错！他随口吟出了一个上联："南通州，北通州，南北通州通南北。"然后，他瞥了一眼随行的大臣们，你们谁能对得上啊？众人面面相觑，您老人家出上联当然容易了，对下联可不是闹着玩的，对得不好，我们在您面前的印象分就没了，以后还怎么混呢？

突然，人群中传来一个声音："东当铺，西当铺，东西当铺当东西。"

乾隆皇帝很开心，当铺多，也是繁华的标志嘛，形式与内容都能对得上，牛！众人回头望去，原来是大才子纪晓岚。老纪用电脑程序般的反应速度得到了乾隆的赏识。

"南北"难不倒你，我再给你来个"东西南北"。

一天，乾隆逛京城，路过一座东岳庙，在庙宇旁边，有个戏班子正在表演当时流行的名剧——《西厢记》。围观者众多，特别热闹。乾隆听着不同口音的唱曲，感觉显示帝王才华的机会来了，随口吟出上联："东岳庙演西厢，南腔北调。"句子里巧妙地嵌入了"东西南北"四个方向，意思也很明确。乾隆得意地笑着，看你们可能接得住！

身边的人不约而同地看向纪晓岚，老纪，靠你了！

纪晓岚看了看远处的"春和坊"，有了！说道："春和坊卖夏布，秋收冬藏。"句子里嵌入了"春夏秋冬"四个字，对应"东西南北"，也巧妙地指出了店铺的特点。乾隆不服，本想让你抓破脑袋，你却给我表演"凡尔赛"。看来，我出题的难度还不够。一行人继续往前走，看到一个人蹲在地上，一边聊着天，一边吃西瓜。乾隆眼珠子一转，继续！

"说南道北，吃西瓜面朝东坐。"他跟"东西南北"四个字杠上了，看你怎么接！

纪晓岚沉思片刻，这道题的确有难度。联想到最近晚上阅读《左传》的情景，他笑了笑，又给出了下联："思前想后，读《左传》书向右翻。""前后左右"对上了"东西南北"，还形象地表达了读书时的辛苦。

在明清时期，善于对对子很容易得到领导和他人的关注。为什么呢？这跟当时的科举考试很有关系。

明清科举考试的八股文，具有一整套严格的固定格式（结构、句数、句型等），由破题（说明题目的意义，类似于现在中高考作文中的点题）、承题（承上启下的句子）、起讲（概括全文，我要议论了）、入题（过渡句，引入文章主体部分）、起股、出题、中股、后股、束股、落下（也叫收结或大结）等十个部分组成（参看《中国历史大辞典》），在具体的考试中可以根据情况删减部分。其中，起股、中股、后股、束股四个段落，又各自分为出股和对股（一个段落里分成两个小段落，有点类似对联里的上联和下联），总共有八股（文章精华在这里，能否考中全靠它），所以称为"八股文"。两股（两个分段落）必须采用对偶排比句，因此又叫"八比文"。

我们来看看明朝一位优秀考生（会试第一名）王鏊的八股文。

题目：百姓足，君孰与不足（考场所给的论题是"民既富于下，君自富于上"）。

破题：民既富于下，君自富于上（点出文章的中心与主旨，下面的百姓富裕，君王自然富裕）。

承题：盖君之富，藏于民者也；民既富矣，君岂有独贫之理哉？有若深言君民一体之意以告哀公。（承题，承上启下，不必用对偶句。百姓如果都富裕了，怎么会留下君王独自贫穷呢？）

起讲：盖谓，公之加赋，以用之不足也；欲足其用，盍先足其民乎？诚能百亩而彻，恒存节用爱人之心；什一而征，不为厉民自养之计，则民力所出，不困于征求；民财所有，不尽于聚敛。（我开始代孔孟先生讲话了啊！举例：鲁哀公当年加重赋税，后来怎么样了呢？）

第一股：间阎之内，乃积乃仓，而所谓仰事俯有者，无忧矣。

第二股：里野之间，如茨如粱，而所谓养生送死者，无憾矣。

出题：百姓既足，君何为而独贫乎？

第三股：（吾知）藏诸间阎者，君皆得而有之，不必归之府库，而后为吾财也。

第四股：蓄诸田野者，君皆得而用之，不必积之仓廪，而后为吾有也。

第五股：取之无穷，何忧乎有求而不得？

第六股：用之不竭，何患乎有事而无备？

第七股：牺牲粢盛，足以为祭祀之供；玉帛筐篚，足以资朝聘之费。借曰不足，百姓自有以给之也，其孰与不足乎？

第八股：饔飧牢醴，足以供宾客之需；车马器械，足以备征伐之用，借曰不足，百姓自有以应之也，又孰与不足乎？

收结：吁！彻法之立，本以为民，而国用之足，乃由于此，何必加赋以求富哉！

这篇文章从形式和逻辑上来看，极具美感，毫无破绽，只是内容上有点老生常谈，孔孟套路。

八股文在句式选择上的一个突出特点：大量使用对偶句、排比句，两两相对，遥相呼应，但也不用像诗歌里那么平仄相对，字面上也可以有重复。这就是明清的文人们动不动就对对子的原因，一来是为了应试，二来是为了显摆。哪个小孩会接高难度的对子，就会被称为神童。两个人吵架都可以采用这样的方式：出个对子，对死你！小样儿，我说上联，看你能否接得住！

因此，日常生活中的对联代替了唐朝人的诗歌、宋朝人的词，成了社交场合显示才华、口才与反应速度的重要工具。很多对联也只是纯粹的文字游戏，但是，能把这种游戏玩出新花样、玩到新境界的人，不仅智商要高，还得勤学苦练，收集、创作各种有意思的对子，才能随时接上"逗哏"的话题。

有一次，乾隆外出游玩，路上闲得无聊，又开始显摆，随口说出上联："两碟豆。"纪晓岚立即对出："一瓯（杯）油。"乾隆心里有点不服气，我每次说出上联，你就马上对出下联，不能总让你这么牛气哄哄，否则时间一长，你这家伙就不知道天高地厚了。于是，他哈哈一笑："朕说的是'花丛两蝶逗'，你自作聪明了，不是？"

哼哼，这点小门道也能蒙住我？纪晓岚不慌不忙地答道："万岁爷，臣对的可是'水上一鸥游'啊！"

哈哈，反应够快，有点意思。再给你挖个坑！

乾隆问道："朕问你，竹篮有何用处？"

"竹篮？当然是用来装东西的啊！"纪晓岚不假思索。

"为什么不装南北？"乾隆眼睛珠子狡猾地打着转，看你怎么接！

这有何难？让你看看什么是博学多才！"东方甲乙木，

西方庚辛金，金、木可以装在篮子里，因此，竹篮装东西。南方丙丁火，北方壬癸水，火、水是无法装进篮子的，因此，竹篮不装南北。"军事上的五方阵，也叫五方大阵，是一种按照东西南北中、十天干（在中国历法中，甲、乙、丙、丁、戊、己、庚、辛、壬、癸被称为"十天干"）和五行（金、木、水、火、土）排列的军队阵势。五个阵列的士兵位于不同的方向，穿着不同颜色的衣服。五阵分别为：东方甲乙木，穿青色的衣服；南方丙丁火，穿红色的衣服；中央戊己土，穿黄色的衣服；西方庚辛金，穿白色的衣服；北方壬癸水，穿黑色的衣服。五方阵可以有多种排列方式，在战场上随机变化。

纪晓岚在回答问题的时候，顺便展示了自己对军事方面的深入研究。

乾隆一听，服了，服了！老纪真是个超级开心果，留在身边，陪我玩玩吧！伴君如伴虎，在聪明绝顶而又高深莫测的乾隆面前，没有超强的应变能力很难扛得住。

智商高、反应快、学识广的纪晓岚被乾隆安排了一个重要任务——主编《四库全书》。从此以后，编书成了纪晓岚后半生最重要的工作。

在繁琐的工作中，偶尔也能碰到有意思的小插曲。

"马屁"也要拍得高大上

一天，纪晓岚正在四库全书馆紧张地工作。天气炎热，他索性光着膀子、圈起辫子，一副江湖黑老大的打扮。可就那么不巧，乾隆皇帝到馆中巡视。哎呀，让皇帝看到我这副不雅的样子，岂不要被惩罚？穿衣服是来不及了。纪晓岚赶紧钻到桌子下面，用桌布挡起来。而乾隆早就看到了这一幕，为了捉弄捉弄纪晓岚，他故意坐下来，示意大家该干啥干啥。

过了好长时间，憋得一身臭汗的纪晓岚听到外面没什么动静了，就从桌子底下探出头来，轻声问道："老头子走了吗？"看到大家不约而同、惊恐不已地望着同一个方向，纪晓岚明白自己闯祸了。

还没走的乾隆很不高兴，这家伙是不是想死？竟然私底下称呼我为老头子？

纪晓岚迅速从桌子底下爬出来，赶紧磕头解释"老头子"三个字的含义："皇帝万岁岂不是'老'？居高临下、顶天立地岂不是'头'？上天之子岂不是'子'？"我这样称呼您，是因为内心无比仰慕敬重您啊！

乾隆哈哈大笑，好你个纪晓岚，拍马屁都拍得这么高级，算了，起来吧，饶了你了！

凭朕的智商，没能吓到你，着实有点遗憾，得找个机会再次挑挑你的神经。有一天，乾隆给纪晓岚设计了个陷阱："爱卿，忠、孝两个字具体应该怎么解释啊？"

纪晓岚智商极高，他顺着皇帝的意思往下解释道："君要臣死，臣不得不死，为忠；父要子亡，子不得不亡，为孝。"

哈哈，上当了吧？看你怎么接！

乾隆立即说道："那朕现在以君的身份，命你立刻去死！"

啊？皇帝闲得没事干，又要调侃我了。唉，那就陪他玩玩。纪晓岚马上做出严肃恭顺的样子，说道："臣领旨，谢恩！"然后，扭头就走。

"慢！"乾隆好奇地问道，"你打算怎么个死法？"

"跳河！"纪晓岚的脑子里早就有了对策。

"好，去吧！"乾隆期待地看着眼前这个搞笑派奴才如何表演。喝了两口茶的工夫，纪晓岚就淡定地回来了。

"嘿，你怎么没死？你不忠啊！"乾隆故意责问道。

"唉，我刚要跳河，没想到碰到了屈原。他对我说：'老纪，你这是什么操作？我当年面对的是昏君，不得不死。如今你面对的是千年难遇的明君，你为什么死啊？你得回去问问当今的陛下是不是昏君，如果他说是，你再死也不迟嘛！'所以，臣这就马不停蹄地赶回来了。"（如果对方出难题，那就将问题和选择反过来抛给对方，既然你让我做选择，那我也让你选择选择。）

哈哈，你这家伙总是拐弯抹角地拍马屁，不过这马屁，朕听得舒服、高兴！我不是明君，谁是明君？

然而，乾隆不过当纪晓岚是逗乐的工具和搞笑的"配角"。有一次，纪晓岚仗着自己受宠想要"捧哏"变"逗哏"，参与讨论或讽谏国家大事，却被乾隆劈头盖脸一顿臭骂："我只不过觉得你的文学功底还不错，所以叫你管理四库全书馆。你以为你是谁？你不过是我花钱养的杂耍小丑罢了！你竟然不知道天高地厚，跟我谈什么国家大事，提什么治国建议？就你能？"

刻薄的话语犹如毒刺一般扎在纪晓岚的心中，我不过是个小丑？唉，这位皇帝看似宽容大度，实则界限分得清清楚楚，我们算什么？在他眼里，不过是跳梁小丑罢了。玩得不好，还得掉脑袋，你必须严格遵守他制定的游戏规则。

面对这样的帝王，纪晓岚不得不改换生存的方式，老老实实地做"捧哏"，绝不再想着翻身做"主角"，变着法地创作段子、对联等，去迎合、逗乐皇帝。至于有些电视剧里把纪晓岚表现得铁骨铮铮，为国为民，敢于顶撞乾隆，硬杠和珅，着实有点夸大了他的力量和地位。

纪晓岚无奈而又悲伤，主编《四库全书》虽然是大多数文人一辈子都难以企及的目标和荣誉，但这并不是一件好干的差事。如果不按照皇帝的意思对各种书籍进行删减，那他迟早也会死于文字狱。四库全书馆开馆期间，就发生了五十多起文字狱案件，和他一起担任总纂、总校的官员们要么被吓死，要么被罚没家产。死的死，倒的倒，没几个人能够善终。他自己也好几次被牵进案子中，多次被处分。每当逃过一劫，感觉就犹如跟阎王爷握个手以后又重见天日。说是编书，其实和焚书坑儒有啥区别？

这位乾隆爷太过聪明，聪明到希望每个人都不如他聪明。别人最好别有什么思想和个性，我才是无敌的"十全老人"。

纪晓岚常常一声叹息。唉，我不也只是他脚下一条随时可以踢死的狗吗？可我又能怎么办呢？毕竟是他给我发"工资"和"年终奖"，罢了，罢了，胳膊拧不过大腿，我还是安心编书吧！在自己力所能及的范围内，保护那些必须被毁掉的书籍吧！

作为一个文人，如果没能留下传世的经典著作，又算什么文人呢？可是又能写些什么东西呢？犹豫再三的他想起了鬼神故事。之前，鉴于传统士大夫的骄傲与观念，他看不上干宝的《搜神记》和蒲松龄的《聊斋志异》，如今，他发现唯有有趣的鬼神故事才能摆脱现实的痛苦。于是，他自己创作，自己编辑，完成了《阅微草堂笔记》。

他靠着极强的应变能力和甘做"捧哏"的心态，在自以为天下第一的乾隆身边走过了坎坎坷坷，躲过了风风雨雨，一直活到八十多岁。

在劝说别人之前，要善于营造愉悦轻松的谈话氛围。搞笑、隐语是一种方式，讲故事、拉家常也是一种手段。好比在炎热的三伏天，对方汗流浃背，疲倦无力，哪有心情听你唠叨？你得先用空调、电风扇让他迅速降温，再递上一杯冰镇饮料，他才能安静地坐下来听你说话，接受你的观点和劝告。

特别会说话的小技巧

1. 加强文化知识的修养，刻苦学习，努力读书，成为一个学富五车的人，说起话来才能滔滔不绝。

2. 平时要留心收集并创作大量有趣的"段子"，这样在需要的时候就可以灵活应对。

第三章

拿什么跟你套近乎

当你与别人不熟时，该用什么跟他拉近距离？

生硬的道理好比有毒的鸡汤，喝多了，会让人反胃。在游说之前，不如准备一些有趣生动的小故事，跟对方拉拉家常，培养培养感情，然后再抛出自己的话题，效果可能更好。陈轸用画蛇添足的故事劝退了敌人，触龙用孩子的教育问题拉近了自己与赵太后的距离。如果讲故事的效果不好，还可以来一波苦情大戏，让对方感动得稀里哗啦，然后再说出自己的想法，韩安国就曾用"催泪弹"拿下了皇帝与太后。

触龙、邹忌

——咱俩先聊聊孩子的教育和帅哥的修养

什么才是真爱？

战国时期，赵王年幼，赵太后辅政。秦国看到赵国只剩下孤儿寡母，异常兴奋，趁火打劫说的不就是我吗？赵太后很无奈，只能向齐国求救。齐国答应了，但是，赵国必须下点血本，万一你使诈，联合秦国灭齐怎么办？齐王提出一个要求：让赵太后最小的儿子长安君到齐国当人质。赵太后特别疼爱长安君，死活不答应。大臣们着急了，纷纷来劝，怎么能为了一个孩子而损害国家的利益呢？

结果，大伙儿被赵太后骂得狗血淋头。说得倒轻巧，你们会让自己的儿子去送死？老太太放出狠话：谁再让长安君去做人质，我绝对吐他一脸口水。

赵太后为了儿子，尊严都不要了，摆出一副街头泼妇斗嘴的架势。

眼看秦国就要打过来，有个叫触龙的大臣着急了。无论如何，他也得去碰碰这个硬茬子。

赵太后得知触龙要来当说客，摆出一副盛气凌人的样子，准备兑现自己的诺言，试试她的口水到底能吐多远。咱要来一场惊天动地的骂战，断绝所有大臣的幻想。

触龙不慌不忙，胸有成竹，迈着特有的小碎步，装出腿脚不方便的样子，非常恭敬地说道："最近，我的腿脚有点毛病，所以很久没来向您请教了。我一直很担心您的身体呢！"

难道不是来当说客的？赵太后感觉心里暖暖的，说道："我也老了，不中用啰！全靠坐车走动。"

触龙又很关心地问道："您每天吃的东西不会减少吧？胃口怎么样呢？"

赵太后苦笑着摇摇头："唉，喝点稀饭罢了。"

触龙又顺势不紧不慢地侃起养生话题："我现在也特别不想吃东西，只能逼着自己走走路，散散步。每天走上三四里路以后，就感觉想吃东西了。"

赵太后怒气消掉一些，跟触龙探讨起养生话题："我哪像你那么空，挤不出时间锻炼呢！"

触龙很快由养生扯到另外一个话题，连连叹气道："我现在身体不行了，有一件事情始终放不下。我那小儿子啊，没什么出息，干啥啥不行，吃啥啥不剩，总不能让他在家里躺着吧？我希望能给他谋个卫士的差事，跟在您身边学习，还请您能够批准！"

赵太后看着为了儿子前途而焦急不安的触龙，心里喜滋滋的，没想到这老家伙还是个操心老父亲！她高兴地说道："不就是个保镖的差事嘛，好说！你小儿子多大了？"

触龙故意提高嗓门说道："都十五岁了！希望趁我还没死的时候，就把他托付给您，请您培养培养他。"

赵太后微笑地点点头，小事一桩，接着，又好奇地问道："你们男人也疼小儿子？"

对方上钩了，触龙故作惊讶地说："当然了，爱得比你们女人还要深。"

赵太后不服气："瞎说，小儿子就是我们女人的心头肉，男人懂个啥？"

机会来了，赶紧抓住，否则稍纵即逝，触龙立刻转到主要话题，一步步诱导赵太后："臣私下认为，您疼爱女儿燕后的程度远远超过了小儿子长安君呢！"

触龙的话成功地勾起了赵太后的斗志。

她立马跳起来,反驳道:"你老糊涂了吧?谁都看得出来,我最疼爱长安君!"

该出手了,触龙说:"父母疼爱孩子,就得为他们的长远利益考虑。您当年送女儿燕后出嫁的时候,拉着她不停地哭,这是伤心她嫁得太远啊!但是,您却总对她说,千万不要被赶回来啊!那样就会断送了大好前程。难道您不想念她吗?您这是真爱,为她的长远考虑呢!希望她尽快生育子孙,让她的子孙代代做国君。地位稳固了,生活也就幸福了。"(举出正面的事例,用对比的方式突出说理的效果。)

赵太后若有所思地点点头:"嗯,嗯,你说得对!哪个父母不希望子女以后过得好呢?"

老太太自己跑到我的话题上来了,"发起总攻"的时机到了。触龙说道:"从这一辈推到三代以前,那些曾经地位显赫的王侯将相,还有几个能重振家族荣耀的子孙呢?"(子孙不肖而导致家道中落的事情时有发生。一个人本事再大,也无法护佑子孙万代。触龙开始为接下来的"总攻"搭桥铺路。)

赵太后想了想,说道:"好像没有!"

触龙立即端上一碗早就熬好的"营养鸡汤":"他们这些

人，祸患来得早的，就降临到自己头上；祸患来得晚的，就降临到子孙的头上。难道国君的子孙一定都是败家子吗？非也，非也！主要是因为他们地位高高在上却毫无功劳，待遇丰厚却没有政绩，占有财宝却缺少才能。现在您把长安君的地位抬得很高，又赏赐他肥沃的土地和稀有的珍宝，如果不趁现在让他为国家建立功劳，不在那帮如狼似虎的王公贵族面前站稳脚跟，以后他拿什么服众呢？又如何保住地位甚至性命呢？

"所以，我觉得您对长安君不是真爱，而是溺爱！"（爱孩子不该只是抱抱他，更要敲敲他！用长安君将来可能的下场震慑赵太后，让她自己思考，应该如何培养儿子。）

赵太后一听，好家伙，你绕了山路十八弯，还是回到最初的起点：劝我让长安君做人质啊！转念一想，这老家伙说得挺有道理！如果不给长安君建功立业的机会，将来哪个会服他呢？那帮王公大臣，谁都不是省油的灯。

老太太终于松口了："好吧，好吧，任凭你安排吧！"

触龙笑了。

很快，赵国为长安君准备车子和银子，送他去做人质。齐国立即出兵，秦军马上撤退。一场巨大危机就这样被触龙化解了。

如果对方胃口不佳，那就不要上大鱼大肉，弄点小菜稀饭，可能会更令他满意。如果触龙像其他大臣一样，在赵太后面前喋喋不休，讲道理，灌鸡汤，强行要求一个女人为了国家放弃自己最疼爱的儿子，不仅会被喷得一脸口水，还有可能老命不保。当然，劝说技巧很重要，劝说的对象也很重要。如果赵太后是个见识短浅的死硬分子，触龙使用再多的技巧和方法也没用！赵太后虽是女人，却拥有明君一样的眼光和胸怀。

男人们的容貌焦虑

先用日常的琐事拉近彼此的距离，让对方放下戒备之心，再抛出真正想要说的话。齐国的宰相邹忌正是这方面的高手。

邹忌是个高富帅，走到哪里都是焦点。可是，都城里最近又出现了一个有名的帅哥——徐公，女人们的尖叫声、欢呼声都被他吸引去了，邹忌的心里有点小失落。一天早上，他穿好衣服，戴上帽子，照了照镜子，左边，帅！右边，也帅！我不就是最靓的仔吗？徐公真的比我帅吗？炒作，绝对的炒作！

出门之前，他忍不住问妻子："老婆，我跟城北的徐公相比，谁更帅呢？"

"啊？"妻子先是一愣，老公今天怎么了？她立刻反应过来，脸上堆满笑容，回答道："亲爱的，徐公哪能比得上你？"

邹忌不相信，又问小老婆："你觉得我跟徐公比，谁更帅啊？"

小老婆抿着嘴笑道："徐公？他哪有资格跟你比？你是世上最帅的男人！"

邹忌还是不太相信，正好碰到过来求他办事的客人，他问道："你觉得我跟徐公比，谁更帅啊？"客人立刻绽放出灿烂的笑容："徐公？他哪能跟您比啊？"

可是，有一天，徐公也来拜访。那忧郁的眼神、浓密的胡须、英俊的脸庞，深深地吸引了邹忌，简直帅呆了！两个老婆的眼神都不由自主地瞟过去。

邹忌似乎明白了什么！

第二天，他上朝拜见齐威王，说道："大王，我最近遇到一件有趣的事情。我对比城北徐公，发现的确没他长得帅！可是，我的妻子因为偏爱我，我的小老婆因为惧怕我，我的客人因为有求于我，都昧着良心说我更帅。我差点相信了他们的话，沾沾自喜，扬扬得意，直到看到徐公的那一刻，我才发现自己被骗了。

"如今的齐国，土地千里，城池百座，富有强大。后宫的嫔妃、身边的近臣，没有不偏爱您的；朝中的大臣，没有不惧怕您的；国内的百姓，没有不对您有所求的。我担心这样下去，您会听不到任何真话和建议了。"（由日常生活中的小事类比到国家治理上来，由浅入深，由小到大，循序渐进，让人更容易接受和理解。）

具有雄才大略、从善如流的齐威王立刻明白了，很快贴出了一个"建言献策有奖征集活动"的通知：

为了进一步增强齐国的行政效能，提升百姓的幸福感、获得感，现将有奖征集活动要求公布如下：

征集时间：即日起至无限期。

征集对象：全国上下任何人。

奖励设置：当面批评我的过错，给予上等奖赏。写信上书劝谏的，给予中等奖赏。在公众场所指责我的过失，并能传到我耳朵里的，给予下等奖赏。一经采用，奖励多多，实惠多多。

征集方式：线上线下、官内官外，怎么方便怎么来！

全国人民沸腾了！还有这等好事？骂人也能赚钱？一时间，宫殿里、宫门外挤满了人，纷纷过来提意见。齐威王有则改之，无则加勉。只要对国家有好处，你们尽管骂！尽管提！

不到一年，大家发现提不出什么意见了，大王做得太好了！齐国人民满意度测评再创佳绩，排名第一！

燕、赵、韩、魏等国的君王、大臣和百姓听说了这件事，都对齐威王竖起了大拇指。宽容大度，虚心纳谏，乃是一个君王最高的境界，看来齐威王已经将领导艺术耍得有模有样、出神入化了，我们还怎么战胜他呢？

各国大王纷纷前来结交，从此以后，咱们哥儿俩好，共唱友情岁月，打啥子仗嘛！

齐威王通过"刮骨疗毒"的方式为自己"做手术"，温暖了百姓，震撼了敌人，不战而屈人之兵。

拉家常，讲故事，要从对方最在意的事情聊起，比如孩子的教育、赚钱方法、恋爱婚姻、兴趣爱好、过去的辉煌、地位的稳固等，让对方在不经意间放松警惕，感觉你是个值得信任的人。触龙先问候赵太后的身体，再谈自己的孩子，慢慢地，又谈到晚辈的教育问题，让赵太后感觉，这老家伙还挺关心孩子的，不错，不错，咱们有得谈。邹忌一上来也并未犯言直谏，而是调侃自己的长相，分析人容易骄傲的原因。

策士陈轸也曾用一个家喻户晓的寓言故事劝退了兵临城下的将军。

特别会说话的小技巧

1. 找到普通人感兴趣的话题，拉近彼此的距离，比如深入探讨孩子的教育、赚钱方法、容貌打扮、恋爱婚姻、兴趣爱好、过去的辉煌、地位的稳固等。
2. 在别人生气愤怒的时候，不要与之硬杠，而要避其锋芒，旁敲侧击。

陈轸

——不着急，先给你讲个有趣的小故事

画蛇，又何必添足？

陈轸早年在秦国担任外交官，受命出使齐国。当时，楚国大将昭阳率楚军攻打魏国，占领了八座城池之后，又准备掉转枪头攻打齐国。齐王不想国家陷入战争的泥潭，如果能够凭借一张嘴劝退昭阳，于国于民，都是大好事，找谁去呢？

陈轸的嘴巴是顶配的，不如让他去说说看。于是，齐王求助陈轸，要不帮咱跑一趟？若能帮助齐、楚百姓免除一场灾难，也算积德行善了。陈轸点点头，我去！他临时充当了齐王的使者，求见昭阳。一开始，他并未急着进入主题，而是谦卑地作揖跪拜，祝贺楚军一系列的胜利（捧，先给别人一个好印象，让对方放下戒备之心）。然后，他站起来问昭阳："按照楚国的制度，灭敌杀将能封什么官爵禄位？"昭阳答道："官至上柱国。"

陈轸接着又问："比这更尊贵的还有什么？"

"那只有令尹（楚国在春秋战国时代的最高官衔，相当于宰相）了。"

做完问答题，陈轸又抛出论证题，说道："令尹的确是最显贵的官职，但楚王绝不可能设置两个令尹！我来替将军打个比方。楚国有个贵族举行了祭祀祖先的仪式之后，想把一壶美酒赐给门客。大家商议道：'这一壶酒，几个人喝不够，一个人享用却有余，让我们各自在地上画一条蛇，最先画成的人，就可以独享此酒。咋样？'

"没问题！大家无异议。

"有个门客画得最快，已经具备了喝酒的资格。可是，他看着大家都没画好，有种居高临下的得意，又在地上画了起来。一边画，一边想：'就算我给蛇画上脚，你们这些人也比不上我的速度。哼哼，瞧我这该死的才华！'结果，蛇脚尚未画完，另一门客的蛇也画好了，他一把夺过酒杯，笑道：'蛇哪有脚啊？你画的根本不是蛇，而是四脚怪。所以，今天是我最先画完蛇的，酒应该给我喝。'他咕咚一口喝下了那壶美酒。画了蛇脚的人因为骄傲自大，不仅没喝到酒，还成了大家茶余饭后的笑料。"（成语"画蛇添足"的出处。这个成语比喻做了多余的事，非但无益，反而不合适；也比喻虚构事实，无中生有，多此一举。陈轸用寓言将道理说得更加清晰透彻、形象生动，做什么会过犹不及，画蛇添足不是给自己找麻烦吗？）

"如今，将军帮助楚王攻打魏国，破军杀将，夺其八城，兵锋不减之际，又移师向齐，齐人震恐。凭着这些功劳，将军足以立身扬名了，地位却不可能再提升（楚王不可能单独为你增设个令尹的）。如果战无不胜却不懂得适可而止，只会招致杀身之祸，现有的官职您也未必保得住，正如画蛇添足一样！"（将寓言故事和楚将的现状紧密地联系起来。你已经功高震主了，难道你想要楚国的王位？好好保住你现在的位子，就不错了。陈轸看透了对方内心深处的担忧与脆弱，昭阳已经位极人臣，内心害怕失去已有的荣华富贵与身家性命，用这个来吓他，保准管用。）

昭阳听完，抹着头上的冷汗，想着画蛇的故事，心中只有一个字——撤！

在劝说一个人之前，你得看他现在缺什么，或者担心失去什么。他面临的环境与形势将要对其产生怎样的影响？我如何才能帮助他克服眼前的危机？在具体劝说的时候，既要让对方心花怒放，又要让对方感觉到紧迫感，正反两个方面都要给他展示出来。语言尽量做到通俗、易懂、有趣，使用或创作相关的故事、寓言，会让人一目了然，清清楚楚，哦，原来是这么回事！好比你向别人推销菜刀，与其说得天花乱坠，说它如何锋利、如何耐用，不如现场给大家展示一下切肉丝、砍木柴、削铁皮等，或者编个实际运用菜刀的故事，让人直观地看到，你的刀的确棒！

陈轸就是一个善用故事、寓言直观说理的顶级高手。

一向嘴上没有对手的张仪看着身边的陈轸越来越红，他的心则越来越凉。我好不容易得到了秦王的赏识，如果被你超越，我还能享受被大王独宠的感觉吗？后宫流行美人心计，我给你来个老男人的妒忌。他在秦惠文王面前说陈轸的坏话："那个陈轸啊，拿着您给的丰厚礼物，经常来往于秦楚之间，本该为秦国尽心尽力。结果呢？楚国没有对秦国更加友好，反而对陈轸愈发亲善。（张仪这招很损，想把陈轸塑造成一个拿着老板工资为自己将来跳槽铺路的势利小人。）由此看来，陈轸为您打算得少，为他自己谋划得多啊！如今，他正打算前往楚国，您为什么不暗中观察观察呢？"（张仪嫉妒陈轸的崛起，他知道秦王最痛恨间谍，就故意把陈轸说成这样的人。而他也早就调查清楚了，陈轸在秦国受到排挤，有意去楚国发展。他就等着陈轸进入圈套。）

秦惠文王不是昏君，似信非信，老陈看起来也不是这样的人啊！他找来陈轸询问："听说先生想要离开秦国到楚国去，有这样的事吗？"

陈轸瞬间明白了，肯定是张仪在背后捣鬼。稍有不慎，便是死路一条。辩解不如承认，当别人等着看你狡辩的时候，你不如来个反向操作，顺着他的思路进行驳斥。陈轸斩钉截铁地说道："有！"

秦惠文王蒙了，果然不出所料，你真的要跑？他用略带责怪的语气说道："张仪的话果然可信！"

陈轸微微一笑，哼，张仪？他的嘴巴若能相信，公猪都能生出山羊来！陈轸淡定地说道："不只是张仪，大部分人都知道这个事啊！从前，伍子胥忠诚于他的国君，天下君王都抢着要他；曾参孝敬他的父母，天下的父母都希望他做自己的儿子。集市转卖的奴仆瞬间被乡邻们买去，必定是好奴仆（不然熟悉他们的人怎会抢着要呢）；遭受丈夫抛弃的妻子很快被当地人娶走，必定是好女人（不然熟悉她的人怎么会接手呢）。我如果不忠诚于自己的主人，楚王又怎么会信任我？现如今，我一片忠心，却要被遗弃，我不去楚国，又能到哪里去呢？"（陈轸的例子举得很形象，既有圣人的事例，又有百姓的事例。对丈夫不忠诚的女人，能嫁得出去吗？对主人不尽心的奴仆，能卖个好价钱吗？我对您忠心耿耿，您却对我疑神疑鬼。我不走，难道在这里等死吗？）

一番话有理有据有水平，立刻打消了秦惠文王的疑虑，击破了张仪的谗言。秦惠文王反而不好意思了，是我不好，老陈，留下来吧！

顺着你的思路，堵死你

张仪的眼更红了，居然还有我的嘴巴说不死的人？一计不成，再来一计。他仗着自己正得宠，又抓住机会挑拨道："陈轸身为您的大臣，却常常把秦国的机密透露给楚国，我不想和这样不忠诚的人一起共事，希望大王将他赶出朝廷。如果他想要回到楚国，请大王务必杀掉他，否则，后患无穷。"（你到底要他，还是要我？）

"什么？他还敢去楚国？"秦惠文王一脸不可思议，我真诚地把你留在身边，你居然还要绝情地离开？为什么背着我爱别人？他找来陈轸，皮笑肉不笑地说道："我能有幸听您说一说您打算去哪里吗？请务必让我为您准备豪华车驾，免得您一路颠簸。"

唉，咋干个实事就这么难？我辞不辞职，还不在于老板给不给待遇和尊重嘛！您都这么不信任我了，我还死皮赖脸地留在这里？我是贱骨头吗？他直接甩出一句话："我想去楚国！"

"好啊，张仪认为你想去楚国，我也知道你肯定要去。除了楚国，你还能到哪里去呢？"（之前你拿着我发的工资，跟他们打得火热，不就是为了这一天吗？）秦惠文王怒火中烧，这回你终于承认了。

陈轸依旧不慌不忙，没个金钟罩，我也防不住张仪那家伙的唇枪舌剑。他说道："我离开秦国必然会故意前去楚国，以顺从您和张仪的想法嘛！您知道吗？楚国有一个男人娶了两个妻子，某人勾引他的第一个老婆，被直接骂了出来；某人又去勾引第二个年轻一点的老婆，却轻而易举地得手了。没过多久，男人死了，两个老婆都成了寡妇。有人就问曾经的勾引者：'你准备选哪个女人做老婆呢？'他脱口而出：'我要第一个！'

"别人不解，为什么啊？你不跟他第二个老婆有一腿吗？

"'撩妹高手'解释道：'别人的老婆水性杨花没办法，

希望自己的妻子守身如玉。所以，我想娶第一个不愿被我勾引的女人。'（故事很形象，也很直白。楚王之所以会重用我，是因为我对您太过忠诚且曾经拒绝过他的邀请。）

"现在，楚王是个贤明的君王（间接地讽刺秦王），宰相也是个正派的大臣（间接地讽刺张仪）。如果我经常把秦国的机密泄露给楚王，对您不够忠心，您觉得楚王会收留我吗？楚国宰相愿意跟我共事吗？我因为忠贞不贰、恪尽职守而被无故抛弃，不去楚国，又到哪儿去呢？（在被人诬陷诋毁的时候，空洞的辩解毫无意义，不如举个有意思的事例，来转移别人的愤怒与责怪，让他自己去反思，而不是听你不停地解释。正因为我忠心可鉴，所以去楚国才会被人接纳。而愿意与我共事的肯定也是忠诚之人，不愿与我共事的必是奸猾小人。陈轸狠狠地回击了张仪，老张就是个十足的小人，所以，他不愿意和忠义之士一起工作。）

"我将用前往楚国的实际行动来证明，我是个什么样的人。"

秦惠文王的智商大部分时候还在线，他明白过来，老陈被冤枉了。但是，张仪那家伙时不时会冒出一些创造性的鬼点子，目前还得用他为我以后称霸天下之路劈开荆棘丛林。权衡来，权衡去，秦惠文王最终还是任用了精通诡诈术的张仪为宰相，因为只有更狠的人才能镇得住狠人，用他去挑拨六国关系，必定会有收获。

虽然一次又一次地化解了张仪的诋毁与谗言，但是，看着对方越来越受重用，陈轸只能一声叹息。如今他在上，我在下，如果他铁了心地要弄死我，我又怎能躲得过呢？再厉害的嘴巴，也斗不过强权啊！陈轸明白，是离开秦国的时候了。走吧，走吧，轻轻地我走了，正如我轻轻地来。天下之大，总有容我之处。

陈轸去了楚国，可他侍奉的却是傲慢自负、智商一般的楚怀王，加上楚国内部权力斗争频繁，给他发挥才能的余地并不大。

当张仪提出无偿赠送楚怀王六百里肥沃土地的时候，楚国君臣一片欢呼，纷纷道贺。陈轸却摇摇头，别人不了解张仪，我还不了解吗？他能给你免费的晚餐？陈轸冷静地说道："我认为，大王不仅得不到土地，还会招来祸患，所以，臣不敢随便恭贺大王。"

"哦，为什么？"楚怀王收起了灿烂的笑容，咱空手套白狼，你还不愿意？

"秦国为什么重视大王呢？是因为您有齐国这样强大的盟国，如今秦国还未交出土地，您就宣布和齐国绝交，将会使楚国陷入孤立的状态。秦国又怎会重视一个没有外援的国家呢？如果先要求秦国割让土地，我们再跟齐国断交，秦国必然不肯；如果先跟齐国断交，再向秦国索要土地，必然会受到张仪的欺骗。断交之后，又得不到好处，您必定冲动发怒。结果会怎样呢？在西面，引来了秦国的祸患；在北面，失去了齐国的支援。到时候，秦、齐两国肯定会联合起来进攻楚国。"

陈轸是个很实在的人，不像张仪那样毫无原则和底线。他的分析虽然很有道理，也很深刻，但是，他游说的对象不是明智的君王，而是向来自大傲慢、不听劝告的楚怀王。在楚怀王的眼里，自己才是世上最有实力和魅力的男人。你的意思是说楚国不如齐国？需要齐国帮忙才能生存？老子就是单挑全天下，谁又能奈我何？哪怕是秦、齐两个国家。哼！到一边凉快去吧！看我表演！

陈轸一心为国，却没有顺着楚怀王的性子，去采用张仪那种夸夸其谈、连哄带骗的方式。结果可想而知，坚持原则的，输给了毫无原则的；实实在在的，输给了满嘴冒泡的。

这一次，张仪扳回一局。

听完陈轸的话，早就不高兴的楚怀王直接甩出一句话："我觉得我在这件事上做得很漂亮，你就闭嘴吧！不要再说了，等着我的好消息。"接着，冲动的楚怀王两次派人前往齐国宣布：我要跟你们绝交！气得齐王破口大骂，绝交是一定的，干你也是必须的！直接发兵攻打楚国。

这个时候，陈轸又劝楚怀王说："大王您不如送点土地给齐国，以求得齐王的谅解，然后，再跟秦国建立邦交，以免他在背后偷袭。"吃了亏的楚怀王觉得有道理，先稳住秦国。好吧，既然你出了主意，就请你跑一趟。

小故事也能派上大用场

陈轸来到秦国，秦惠文王有点不高兴，你这家伙曾经拿我的工资，住我的房子，享受我给的福利待遇，却跑到我的对手那边，代表新主子过来跟我套近乎，是不是有点不够意思啊？不过，现在你是使者，总不能劈头盖脸把你一顿骂吧？

秦惠文王不问陈轸的来意，而是委婉地问道："你去了楚国之后，可曾思念过寡人呢？"

大王还在埋怨我！陈轸微微一笑，举了个例子解释道："大王难道没听说，有个吴国人在楚国做官的故事吗？有一次，吴国人生病了，楚王将信将疑地问道，是真的生病了，还是因为思念故乡啊？一旁的人说道，如果他思念故乡，就会在梦中使用吴国的乡音呻吟、叫喊。结果，派去打探消息的人真的听到他迷迷糊糊地说起了吴国话。如今，我虽然被赶到了楚国，说的依旧还是秦国话啊！"（陈轸用小故事打消了秦惠文王的顾虑。我虽然在楚国打工，但我永远不会忘记曾经的老板。我这次来，主要是站在您的立场上，给您带来好处和实惠的。）

秦惠文王一听，脸上的褶子都笑得堆了好几层，老陈的嘴变甜了，嘿，有意思！

不过，他还是话中带刺地说道："先生本来就是秦国人，又是寡人的老朋友。我不才，没能留住您。所以您抛弃了我，投靠楚王。如今，齐、楚两国相互攻击，有人劝我支援齐国，有人劝我不要支援齐国。您难道不可以在对您主人尽忠的时候，也替我出点好主意吗？"（先给你来个下马威，现在齐王、楚王的小命都捏在我的手里，我帮助齐国，你们楚怀王铁定玩儿完。）

嘿，当初是你和张仪逼我走的，反而怪我抛弃你？好话歹话都由你一个人说了。陈轸内心有怨气，却不能直说，那就举个例子，缓和一下紧张的气氛。

"为何这么说呢？我先为大王讲个小故事吧！曾经有两只

老虎为了争吃人肉而打斗起来，卞庄子准备去杀掉它们。有个叫管与的人劝说道：'老虎是猛兽，您靠近它，就会有危险。现在，两只老虎相互厮杀，体力小的那只必然会被咬死，体力强的那只也会受伤。您等它们一死一伤的时候，再去干掉那只体力强的老虎，不就一举两得了吗？您既不用耗费体力，也不用遭遇危险，便能轻松得到两只猛兽，岂不快哉？'卞庄子听从了管与的话，轻松拿住了两只老虎。如今，齐、楚两国正在交战，齐国肯定失败。到那时，您再发兵救它，既会得到齐国的感谢，又不得罪楚国（反正它已经赢了）。是否听从我的计谋，全由大王定夺了。"（讲的故事、寓言和事例必须要与中心话题相吻合，不能本末倒置，顾此失彼。画蛇添足，卞庄刺虎，都和后面的人物经历与处境非常相似。）

作为楚国使者的陈轸始终为秦国的利益最大化考虑，否则，他一个"叛变者"，请求支援又怎会有人听？他用生动的寓言故事直白地告诉秦王：老板，我一直想着您，依旧是秦国的打工人。为了"秦氏公司"的长远发展，我又回来了！

可惜，陈轸说服了智商在线的秦惠文王，却说不动智商时不时下线的楚怀王，因为他又被张仪忽悠了。等楚怀王笑嘻嘻地索要土地的时候，才发现张仪竟然只动嘴皮子，不动小手指。

唉，上当了！

楚怀王大怒，我要砍死张仪，要进攻秦国！众大臣纷纷作义愤填膺状，是可忍孰不可忍！只有冷静的陈轸走上前来，问道："我能说话了吗？"

"可以！说！"

"现在攻打秦国，绝不是个好办法。大王不如趁此机会，反过来送给秦国一个城池，跟它联合攻打齐国。从秦国失去的土地，我们可以从齐国那边赚回来。这样，咱们不就没啥损失了吗？您已经跟齐国公然宣布绝交，现在又去攻打秦国，那不就促成秦、齐两国迅速结成同盟吗？如果这样做，楚国必然会遭遇大难啊！"（陈轸再一次表现了他的直率，不可意气用事，咱都打了齐国两巴掌了，它不太可能立即跟咱和好。干脆一不做，二不休，从它身上割块肉，补一补楚国的元气。）

如果对方是从善如流的君王，陈轸的话肯定会被重视。然而，自负冲动的楚怀王岂能咽下这口气？岂会懂得君子报仇，十年不晚？他脑袋摇得跟拨浪鼓似的，我不听，我不听，我就要打秦国，我想为自己的智商讨个说法！

结果，齐国、秦国、韩国结成统一战线，严阵以待，将楚军打得落花流水。楚怀王也用实际行动，再一次刷新了君王的智商底线。

遇到这样的主子，陈轸纵使口若悬河，也只能一声叹息。

举例子犹如做饭炒菜，得注意荤素搭配，营养均衡。天天吃同一道菜，总会腻的。既有古代例子，又有现代例子；既有男人例子，也有女人例子；既有笑话，也有寓言；既有自然界的例子，也有生活中的例子……这就好比鞋店要丰富产品线，既要摆放皮鞋、运动鞋，也要展示布鞋、板鞋等。只要消费者来逛店，总有一款适合他。

拉近人与人之间距离的，除了笑话、故事、家常，还有共情，两人一起流泪，一起感动。因此，有时适当地表演一段苦情大戏，赚足对方的眼泪，劝说也就水到渠成了。

特别会说话的小技巧

1. 迎合对方的心理欲望，采用讲故事、寓言的方式，不仅委婉生动，还能避免直接顶撞对方，给自己留下回旋的余地。

2. 由生活中的事例推演、类比到企业治理、国家大事上来，由熟悉到陌生，由形象到抽象，更容易让人接受，增强了说服力。

韩安国、邹阳

——来一波苦情大戏催人泪下

看我的哭戏，你会共情吗？

公元前 154 年，压抑许久的吴王刘濞联合其他六个对汉景帝不满的诸侯王造反了，史称"七国之乱"。梁孝王刘武是汉景帝的亲弟弟，也是窦太后（汉景帝、梁孝王的母亲）的心头肉。在七国叛乱的时候，他坚定地站在了哥哥汉景帝这边，协助朝廷平乱，成功抵挡住了叛军，为皇帝争取了喘息的机会。不到三个月，"七国之乱"即被汉景帝平定。梁王刘武因为功劳巨大而得到了无数赏赐，他去京城的时候，与汉景帝一同乘车，一起打猎，风头一时无两。渐渐地，梁王飘了，兴土木，建宫殿，藏宝物，甚至造兵器。进出排场、吃喝用度的规格一度超越了皇帝。

　　一系列的骚操作引起了景帝的强烈不满，咱俩虽是亲兄弟，也是君臣啊！你用的东西比皇帝还高级，我的面子和权威在哪里？窦太后也非常担忧，小武想干吗？就算我护着你，你也不能忘记谁是老大吧？

　　皇帝开始派人暗中调查，梁王到底是玩心过重，还是野心太大？

　　刘武急了，赶紧找来属下韩安国，你去朝廷帮我说个情！

　　韩安国仔细分析了形势，如果贸然前往，岂不是此处无银三百两？短兵相接，不如出奇制胜。他决定借助重量级人物的嘴巴来传达自己的话，找谁呢？

　　——窦太后与汉景帝都喜爱的馆陶长公主（汉文帝和窦皇后之女，汉景帝刘启的姐姐）！

　　绝佳的口才搭配"好莱坞式的演技"，韩安国对着长公主一边流眼泪，一边煽情道："为什么太后看不到儿子的孝心，皇帝看不到臣子的忠心呢？从前七国叛乱之时，大家都联合起来跟朝廷作对，只有梁王与皇上关系最亲。为了皇帝的安危，他亲自率军，拼死抵抗。梁王当时想到这么多亲近的人都叛乱了，皇上跟太后必定在宫中吃饭吃不香，睡觉睡不好。他的烦恼就咕咕地冒出，眼泪哗哗地流。于是，他下定决心，不顾个人安危，骑上战马，拿起大刀，与叛军拼死一战。现如今，天下太平了，太后与皇上却为了一点鸡毛蒜皮的小事而责怪梁王，实在不明白梁王的一片良苦用心呢！

"梁王的车子、旗帜都是皇帝赏赐的，他想在边远的小城炫耀一番，让天下人都知道母亲和哥哥对他的偏爱。可是，太后与皇帝不分青红皂白地查问责备。梁王每天如坐针毡，辗转反侧，不知如何是好。为何亲人们不能明白他的孝心和忠心呢？"（韩安国先突出梁王之前的功劳，即使别人都背叛了皇上跟太后，他也一直忠心耿耿、不忘初心。然后，他解释，梁王讲排场是为了突出皇帝至高无上的威严与赏罚分明的气度，间接地夸赞皇上聪明有本事。最后，他还不忘提醒一下，梁王其实很胆小，听到别人的诋毁，惶惶不可终日。如此懦弱的人，怎么可能造反呢？）

馆陶长公主被感动了，唉，梁王太委屈！不能伤了他的心。她赶紧跑进皇宫，声泪俱下，慷慨陈词。窦太后心里的石头放下了，我说嘛，我家小武怎么会造反？她高兴地说道："我马上把这些话转告给皇帝。"

老娘出马，一个顶俩。汉景帝也被感动了，老弟在别人全都背叛我的时候，还能坚决支持我，现在怎么可能造反？原来，他高调张扬是为了彰显我的优点与兄弟间的感情啊！

唉，失误，失误！他赶紧向太后认错，不再怀疑可爱忠诚的弟弟了。

化解危机的高手韩安国也得到了窦太后、汉景帝、馆陶长公主的一致点赞。

但是，实力的增加导致了野心的膨胀，梁王在部分属下的鼓动下，竟然对龙椅产生了想法。下一任皇帝会不会是我？哥哥死了，我也可以通过和平手段接替他的位置，历史上不也有弟弟继承哥哥王位的嘛！而此时，朝廷发生了一件大事，让梁王及其属下的梦幻之旅又向前进了一小步。

当年，汉景帝册立栗姬所生的长子刘荣为太子。随着栗姬的容颜衰老，新进妃子王娡（后来的汉武帝刘彻的母亲）日益得宠，景帝于公元前150年废除了太子。龙椅空出来了，各方势力蠢蠢欲动。自古以来，各方势力围绕龙椅争得你死我活，无非是想要让自己一方的利益最大化、稳固。谁拥立新君继位，谁就是功臣和心腹，将来飞黄腾达，享富贵荣华。羊胜、公孙诡等人出于个人目的，极力劝说梁王争取皇帝之位。窦太后出于对小儿子的疼爱，也想让刘武成为大汉的未来继承人。但是，朝中大臣袁盎等人极力劝阻汉景帝，让弟弟继承皇位，您的儿子们怎么办？

阻力巨大，汉景帝彷徨，太后也放弃了建议，手心手背都是肉，算了，反正小儿子也不委屈，他现在的地位、财富跟皇帝还有差别吗？最后，汉景帝立了第十个儿子——胶东王刘彻为太子。刘武的皇帝梦彻底破碎了，他对那些劝阻景帝的大臣们怀恨在心。这些家伙，就那一张破嘴，咋咋呼呼，什么国家社稷，什么未来前途，说来说去，还不是为了自己那点官位？难道我做皇帝就治不好国家了吗？

羊胜、公孙诡等人也愤愤不平，纷纷迎合梁王，那帮浑蛋太可恨了，梁王您如此英明神武，不做皇帝，谁能做得？干脆一不做，二不休，暗中派杀手干掉袁盎等一帮大臣，让他们也知道知道，得罪您的下场。

冲动的刘武点头称是，即便做不了皇帝，也得出口恶气。

很快，梁王的刺杀报复行动震惊天下，汉景帝勃然大怒，光天化日之下，竟敢杀我大臣？容你们放肆，岂不连我也敢杀？虽然杀不了梁王，我还杀不了羊胜和公孙诡吗？

皇帝派人前来调查事情的真相，捉拿凶手。羊胜、公孙诡藏进了梁王宫中，朝廷的使者搜查一个多月都没抓到他们。汉景帝更火了，老虎不发威，你当我是缩头乌龟？彻查，必须彻查。

韩安国急了，梁王怎能为了两个挑拨是非的小人而弃梁国于不顾？于是，他哭着劝说梁王："您如今受到侮辱，那是因为没有好的属下替您分忧，帮您谋划。既然抓不到羊胜、公孙诡，那就请赐我自杀。"找不到人替您去死，我愿意去！韩安国想用这种激烈的方式引起梁王的共情和反省。

刘武心软了，唉，你也是我的好下属，何必这样呢？我连羊胜、公孙诡都不愿意杀，怎么可能杀了你？

向来擅长以情动人的韩安国流着热泪，继续说道："大王您仔细考虑一下，您和皇帝的关系比起太上皇（刘邦的父亲刘太公）与高皇帝（刘邦）以及皇上与临江王（刘荣原为汉景帝的太子，后来被废为临江王），哪个更亲密呢？"

他们都是父子关系，我怎能跟他们比？刘武说道："比不上他们亲密。"

"太上皇与高皇帝、皇上与临江王都是父子关系，但是高皇帝曾说拼命打天下的人是他，所以，太上皇也不能过问国家大事，而住在自己的栎阳宫里。临江王本是太子，只因为母亲的过错而被废为诸侯王，又因为建造房子的时候侵占了祖庙的空地而被逼自杀。为什么会这样呢？天下为大，个人事小，治理国家决不能因为私情而损害公事。俗话说，亲生父亲随时也能变老虎，亲兄弟随时也能成饿狼。现在您位列诸侯，却听信邪恶之人的煽动，违反皇上的禁令，干扰司法的公正。皇帝因为顾忌太后而不忍心对付您，夹在中间的太后又不方便直接去劝说皇帝，左右为难，日夜哭泣，期盼着您能自己改正错误。可是，大王您却不顾一切，把羊胜、公孙诡藏起来，阻挡朝廷搜查。将来太后去世了，您还能依靠谁呢？"（韩安国没有滔滔不绝地说理，也没有喋喋不休地分析，而是先举出例子，震慑对方，人家父子关系都会因为一点利益而破裂，何况你们只是兄弟呢？别以为皇帝真的爱护你这个弟弟，那是看在你老妈的面子上。接着，打出感情牌，突出太后的为难处境。你老妈那么疼爱你，结果，你却让她整天提心吊胆，茶饭不思，合适吗？孝顺吗？）

梁王向来以孝著称，感情牌最好用。

韩安国的话还没说完，梁王就已经泪流满面，唉，我真是不孝，害得母亲替我操心，争什么皇帝之位呢？我现在的待遇比皇帝差吗？他立即擦干眼泪，坚定地说道："我这就交出羊胜、公孙诡。"

之前极力怂恿梁王刺杀朝中大臣的羊胜和公孙诡走投无路，只得自杀了。朝廷的使者将事情的经过如实上报，汉景帝、窦太后纷纷对韩安国竖起了大拇指，有老韩在，我们就放心了。矛盾暂时得到缓解。但是，众大臣不依不饶，如果放掉梁王，以后咱们要是不顺他的心，岂不也会被暗杀？汉景帝的怒气未消，疑心很重，弟弟真的从此就会消停了吗？

别担心，圣人也是这么做的

形势不利的梁王仿佛处于巨大的旋涡之中，随时都有被卷进海底的风险。他焦头烂额，派韩安国继续前往都城劝说公主和太后。为了寻求"双保险"，还得找个得力的人出来帮忙，梁王想起了曾被他打入大牢的另一个属下——邹阳。

当初，得知梁王想要刺杀大臣，深沉而又有谋略的邹阳摇摇头，你们这是玩火自焚，天下好不容易重新回到正轨，又要因为少数人的欲望而陷入无休止的战争之中吗？况且大汉王朝经过高祖、文帝、景帝几代人努力，轻徭薄赋，无为而治，变得越来越强盛，越来越受百姓的拥护，不是轻易可以撼动的。邹阳向来很有原则，不太喜欢迎合主子和同僚，他极力劝说刘武放弃刺杀的行动，安心做一个逍遥快乐的诸侯王。羊胜等人不干了，你平时傲慢也就罢了，如今还想阻止我们飞黄腾达？不弄死你，看来是不行了。他们拼命在梁王面前诋毁邹阳，他就是不想看到您好，认为您没能力当皇帝……

对袁盎等人耿耿于怀的刘武正在气头上，听到邹阳的劝告和羊胜等人的谗言，他火气更大了，现在连自己人都觉得我没资格当皇帝了？那我花钱养你干什么？梁王很生气，后果很严重。邹阳被打入大牢，等待他的是死刑。在最后关头，他在狱中提笔写下了名扬千古的《狱中上梁王书》，打动了梁王，拯救了自己。此刻，刘武想起了邹阳的好，如果我听他的劝告，怎么会有今天的担忧？找他来想想办法。刘武带上贵重礼物，请求邹阳出山为他消灾。

邹阳不计前嫌，答应了。

他冷静地分析了形势，跟韩安国定下了"曲线救国"的策略。如果当面跟皇帝解释，肯定没效果，他老人家正在气头上，搞不好还得把我们搭进去。不如让皇帝身边的宠臣或红人去带话，他们的建议比咱管用得多。韩安国将目标锁定为之前接触过的馆陶长公主，而邹阳搜索着朝廷人物的名单，将目光集中在了王信的身上。

当年，西楚霸王项羽分封十八路诸侯王，封过一个燕王——臧荼，他的亲孙女名叫臧儿。后来，臧家逐渐衰落，臧儿只能嫁给平民老百姓王仲为妻，生下一个儿子、两个女儿——王信、王娡、王儿姁。丈夫死了以后，她又嫁给了姓田的人，生下两个儿子——田蚡、田胜。不甘心身处底层的臧儿逼着美貌性感的女儿王娡离婚，花钱对她进行全方位的训练和包装，然后将她送进了皇宫。经过一系列的策划行动，王娡"一不小心"被汉景帝看中，生下了儿子刘彻。七岁的刘彻被立为太子，她也成了皇后。作为王娡的亲大哥，王信为人深沉有谋略，讲话很有分量。

为了制造偶遇的机会，邹阳以"打工人"的身份来到王信家里做门客，取得主人的信任之后，他瞅准机会说道："我并不是来打工的，而是不自量力，有件重要的事情要告诉您。"

"哦？承蒙赐教。"邹阳的话成功引起了王信的好奇。

"您妹妹如今集万千宠爱于一身，全家跟着沾光。现在袁盎等人被刺杀的事情已经水落石出，梁王恐怕要被杀掉。如果这样的话，窦太后会有什么反应？必定非常郁闷和心痛。到那时，她的怒气会发泄到哪里呢？绝对是皇帝最宠之人，比如王皇后（如果不是她生了刘彻，皇位也许就是刘武的了）。那您不就受到牵连了吗？我专门为了您的安危而来，真替您担忧啊！"（邹阳劝说得很有技巧，将梁王的命运与王信的命运进行绑定，他死了，你也离死不远了。如果不这么说，王信肯定无所谓。梁王死了，跟我有啥关系？我凭什么替他说话？现在替他说话，就是替自己说话了。一个手握大权的老太太，突然死了最疼爱的小儿子，她什么都干得出来。）

王信一头冷汗，着急地问道："该如何是好？"

　　震慑完对方，还得给他甜头。邹阳建议道："如果您能好好劝说皇帝，不再追究梁王的事情，不仅会得到梁王的友谊，还能得到太后的喜欢。她必定对你们王家感恩戴德，让您的妹妹继续得宠，您的地位不就固若金汤了吗？而且，您还赢得了拯救诸侯王的美名，必将得到其他诸侯王的点赞和天下人的称颂，希望您能仔细考虑考虑。"有利有名得人心，何乐而不为呢？只是，皇帝如今正在气头上，王信顾虑重重："皇上已经知道梁王乃是幕后主使，雷霆震怒，严令御史追查。即便同胞兄弟也不能放过，我一个外人如何从中说情呢？"

　　不急，既然我抛出了问题，必然有解决的方案。邹阳说道："您只看到了表面。袁盎等人被杀，朝臣群情激愤，皇帝迫于压力自然要严查，给大家一个交代。但是，查来查去，查到诸侯王、亲兄弟的身上，不仅御史要仔细斟酌，皇帝碍于太后的面子也会反复考虑。"

　　接着，邹阳又用历史典故来委婉地教王信如何跟皇帝说。

　　"从前，舜的弟弟象天天都想着杀掉舜，但是，成为天子之后的舜却加封了弟弟。仁爱的君王对待兄弟，没有隔夜仇，只会更加重视亲情，而被后世传颂（让汉景帝明白不杀梁王会赢得美名）。再比如，鲁庄公去世之后，鲁国的公子庆父（鲁庄公的弟弟）指使他的仆人杀掉了鲁庄公的太子——子般。可是，公子季友（也是鲁庄公的弟弟）只把仆人杀了，没有追查幕后主使。后来，庆父又亲手杀死了鲁闵公，逃到了别的国家，季友也没有下令通缉。孔子在写《春秋》的时候，还赞扬季友懂得亲情的大道理呢！您劝皇帝不要深究梁王的责任，也是符合道义的嘛！怕什么呢？您用这些去劝说天子，也许梁国可以免除灾祸。"（汉景帝迫于众大臣的压力，必须要作出回应；可是，他又迫于太后的压力，也想找个正当的理由对梁王事件进行冷处理，等时间一长，这件事情的热度降下去了，再放了梁王。而邹阳经过深思熟虑举的这几个历史典故，既有远古圣贤的亲身经历，又有皇家兄弟相残的真实故事，还有孔老夫子的精彩点评。"偶像们"都这么做、这么说，不正好给了汉景帝一个最好的借口吗？）

你去劝说，不是管闲事，而是帮助皇帝免去杀兄的罪过与批评，为太后救下她最疼爱的儿子，所以，你还犹豫什么呢？王信斩钉截铁地说道："我一定按照您的话去说！"他赶紧找机会劝说汉景帝。

经过韩安国与邹阳两大高手的联合行动，双管齐下，梁王终于死里逃生。

如果能在讲故事的过程中恰到好处地声泪俱下，可以大大增强故事的感染力。史实、故事、寓言的选择也很重要，必须得跟你的目标息息相关。毕竟你不是来举办故事大会的，而是来完成劝说任务的。故事宜突出主题，忌偏离中心；宜新颖陌生，忌陈旧泛滥；宜精练概括，忌又臭又长。最好是正面反面、古今中外、不同时空、不同性别的故事、事例相结合。好比打仗，若是只用一个套路，很容易让人找出你的破绽，看出你的缺点；奇正结合，出其不意，才能让人防不胜防，胆战心惊。姚崇在治理蝗灾而遭到众人反对的时候，就非常善于选择恰当的史实、名言来驳斥反对者。

特别会说话的小技巧

1. 以哭泣等方式引起他人的情感共鸣，通过语言、非语言交流或其他方式来传达对他们情感的关心和理解。抓住对方情绪转变的瞬间，由理生情，以情动人，以理服人。

2. 在举事例、摆史实的时候，根据具体的需要和语境，结合正面反面、古今中外、不同时空、不同性别的故事、事例，丰富讲话的内容，提升说话的水准。

姚崇

——当无人支持你的时候，该怎么办？

用你的话，噎死你

唐朝开元四年（716），山东地区的蝗虫成群结队，犹如巨大的黑布遮蔽了天空，它们那急速拍打的翅膀、怒吼叫嚣的嘴巴，赤裸裸地显示着贪婪与凶狠，对一切庄稼势必要啃光、吃光、抢光。它们所到之处，一片狼藉，生灵涂炭。禾苗失去了生机，稻田失去了活力，百姓失去了食物。

可是，面对灾情，地方官员和百姓竟然两手一摊，跪地拜神，纷纷拿出仅剩的一点食物，祭祀老天，乞求神灵降福。而朝廷的官员们大多数也不主张直接扑灭蝗灾。

为什么会这样呢？

汉朝的董仲舒推出了"天人感应"的学说，他认为皇帝就是天子，是上天派下来管理众人的，谁不听话就是跟老天过不去。哪个皇帝会不喜欢这套说辞呢？我就是上天派来拯救苍生的，你们就要乖乖听话，纷纷点赞。谁不听话，我就代表上天消灭他。因此，从上到下，都要讲究礼仪规范，懂得地位尊卑。处于什么阶层的人就该干什么样的事情，别整天做白日梦，想着"王侯将相宁有种乎"。大家各自安好，这样社会才能安定，皇帝的统治才能稳固。

但是，为了约束"上天之子"的权力，老董也留了一手。天子也得有天子的责任和义务，如果不好好工作，不善待百姓，上天也会降下各种灾难，让你们这些"上天的代表"如坐针毡。这相当于给皇帝上了一道紧箍咒，既然是上天派下来的，你也不能为所欲为，小心老天收了你。

所以，皇帝也得顺应上天，爱护百姓。一旦有了自然灾害，就要从人类的身上找原因，是不是奸臣当道？是不是天子不勤奋？是不是政令不畅通？董仲舒把灾难看作是上天对凡间的一种惩罚、一个教训。

大家就会顺着"天人感应"的学说对自然灾害作出看似很有道理的解释：瞧瞧吧，老天发怒了，肯定是皇帝没有实行德政，或者咱们当中有坏人，弄得天怒人怨，灾祸连连。于是，皇帝要么大赦天下，要么杀几个所谓的奸臣，要么减免赋税、开仓放粮，装模作样地做点好事，找几个替死鬼。至于这样做到底有没有作用，那就不是皇帝考虑的问题了，反正该做的，他都做了。

在普通人的眼中，蝗虫是上天派下来惩罚凡人的"神虫"，杀了它们就会得罪神灵。所以，大家都不敢捕杀蝗虫，生怕会引来更大的灾难。

宰相姚崇望着远处近乎黑色的天空发出一声叹息，唉，蝗虫只不过是一种喜欢温暖干燥环境的害虫，有什么神秘的？难道我们要安静地等它们把庄稼吃光吗？唐玄宗继位之前，政局动荡，皇帝昏庸，皇后夺权，百官沉迷享乐，无人关心百姓生活，导致水利失修，土地荒芜，给这种害虫提供了有利的滋生条件。之前是想作为而不可为，没人组织，没人执行，所以听之任之。现在新皇帝继位，政治清明，还有什么不能为？难道只能让百姓在可笑的迷信中等死吗？如果老天有眼，又怎会派这种东西来残害无辜的百姓？

但是，想要破除千百年来固有的观念和迷信，光靠口头说教和行政命令是不行的，也是无用的，搞不好还得搭上自己的前途甚至性命。首先，你得要取得皇帝的支持，老大不点头，事情不好办。怎么说服他呢？

姚崇上奏道："《诗经》道：'秉彼蟊贼，付畀炎火。'汉光武帝也曾下诏道：'勉顺时政，劝督农桑。去彼螟蜮，以及蟊贼。'（引用名言论证更能增强说理的效果，看看，名人们、圣人们都是这么说的，不是我一个人说的吧？）

"这些不都足以证明消灭蝗虫是应该的吗？蝗虫怕人，容易驱除。每个田地里都有主人，只要允许他们灭蝗，他们会不卖力吗？在夜间燃起火把，在火把旁边挖下大坑，蝗虫迎头撞上来，自然会被烧死，然后边烧边埋，它们还会横行肆虐吗？古时候消除蝗虫，没有消不尽的，只有没有竭力而为罢了。"

举出《诗经》和汉光武帝的名言，更具权威性和借鉴性。以前的圣人都主张用火烧死蝗虫，现在的人还害怕什么呢？姚崇指出了原因，又给出了具体的方法：焚烧法。唐玄宗点点头，这个可以有！姚崇立即派出"灭蝗行动专职督导员"——捕蝗使，到各地指导督促灭蝗行动。

但是，汴州刺史倪若水开始"作妖"了，他拒不执行命令，还狡辩道："蝗虫本是天灾，宰相大人的当务之急是修养德行，施行仁政，否则，无法免除天灾。以前刘聪（十六国时期，前赵的皇帝）因为灭除蝗虫没能成功，反而遭受到了更严重的灾害。"（您老人家只要提高自我道德修养，就是世上最厉害的杀虫剂了。）

姚崇一时无语，这家伙也能当刺史？我真想一剑刺死他！唉，宰相肚里能撑船，不撑也得撑，忍住！面对无知的人，决不能跟他抬杠，他们会越抬越"杠"。只能以其人之道还治其人之身，用他自己的话噎死他。姚崇立即下发通知，说道："刘聪算什么君王？他的德行根本无法战胜妖孽。当今皇上是什么人？乃是圣明君主，妖气自然不能盛行。古代传说哪个地方的太守品行好，蝗虫就会避开哪个地方。如果修养德行，就能避免蝗灾，那不正说明你倪若水缺少美德，才招来蝗虫的吗？为什么你这里的蝗灾更严重呢？现在，你坐在这里，看着蝗虫吃庄稼而不抢救，百姓挨饿受伤而不帮忙。身为刺史的你，凭什么心安理得，大言不惭？"（姚崇首先抬出皇帝这块金字招牌，你拿当今圣上跟刘聪那厮相比，到底是何居心？镇住倪若水之后，又顺着对方的思路，来了个反讽：你说只要德行好，就能消灾，那你这地方受灾如此严重，是不是你的德行差到极点了呢？你一个堂堂的父母官，当起了甩手掌柜，不感到害臊吗？）

姚崇一出口，若水只能抖！

天塌下来，我顶上去！

偷鸡不成蚀把米，倪若水被人掐住了脖子，堵住了嘴

185

巴。为了表现自己品德高尚、能力非凡，倪若水立即行动，火速赶往灾区，按照宰相姚崇教给的"火攻"法，动员百姓，边烧边埋，杀死蝗虫无数，差点堵住了汴河。汴州的庄稼总算保住了。可是，朝廷上的官员们不干了，反正不灭蝗虫，他们照样吃香喝辣。如果真的灭虫，惹怒了上天，降罪下来，咋办？我们还能喝着美酒唱着歌吗？而且，你姚崇如果治理好了蝗灾，岂不是打了我们的脸？众人你一言我一语，唾沫星子乱飞。唐玄宗也迷茫了，我到底该听谁的啊？万一真的得罪了老天，我这个天子地位也不稳啊！姚崇，事情是你弄出来的，你说该怎么办？

姚崇精疲力竭，我在前方坐镇指挥，你们却在后方煽风点火。这帮家伙不哄住，我怎么继续开展工作？唉，干个实事咋就这么难？他再一次用上了三寸不烂之舌，说道："平庸的儒生只会呆板地死记硬背老祖宗的书籍，不会深入理解、灵活运用。做事情嘛，有的虽然违背了书上的规定却合乎道义，有的虽然违背了常见的道理却符合实际，干吗要墨守成规呢？过去魏朝时期，山东有蝗灾伤害庄稼，人们慈悲为怀，不忍心杀害蝗虫，可结果呢？庄稼被蝗虫吃光，百姓没有粮食，最后只能人吃人。这难道就是仁慈吗？后秦时期，蝗灾肆虐，庄稼、树木、野草统统被蝗虫吃光啃净，畜生都没草吃了。如今，蝗虫遮天蔽日，越来越多，前所未闻，河南、河北等地之前并没有储存足够的粮食，倘若颗粒无收，百姓必然流离失所。饿急了的人，会干吗？不会造反吗？此次蝗灾关系国家的安危，不能再犹豫了。现在全力灭蝗，即便消除不尽，也比放纵不管强吧？陛下您善良仁慈，不愿杀生，那就让臣来处理此事，万一上天怪罪下来，就让我一个人承担罪过！"（姚崇先是讲道理：做事要灵活，不能做书呆子。然后举出历史上真实存在的反面例子，以前不灭蝗虫，怎么样了呢？民不聊生，国无宁日。然后再跟皇帝说明利害关系，把消灭蝗虫与稳住龙椅绑定起来，你不灭蝗，百姓就会没得吃，肚子饿狠了，你猜，大家会不会造反？最后，主动揽责，皇上您不必担心，事情是我干的，老天要是怪罪下来，也是先弄死我，跟您没关系。）

唐玄宗一听，终于同意了，老姚，你先上，我垫后。

另外一位宰相（唐朝不止一位宰相）卢怀慎担心地说道："蝗虫是天灾，哪里是人可以消灭的呢？现在宫城内外的百姓议论纷纷，都说现在杀虫太多，有伤和气。老姚啊，你现在停手还来得及。"这个卢怀慎跟姚崇一同拜相，但他属于典型的懒政官员，什么事都推给姚崇干。有一次，姚崇因为家中有事请了十天假，结果朝廷的政务堆积如山，无人处理。卢怀慎抹着冷汗，俺也不知道咋办，只能向皇帝磕头请罪。唐玄宗淡淡地说道："朕本来就是让姚崇干天下大事的，用你，只是想安抚那些文人雅士罢了。"（至于你嘛，不过是个面子工程，让你充当政治花瓶，笼络人心而已。）因此，当时的人给卢怀慎起了个外号——伴食宰相。只知道吃饭，不知道干事。

对于这样胆小怕事的人，采用软硬兼施这一招，保准管用！姚崇心急如焚，你们这些家伙就不能做个安静的美男子吗？就不能做个一旁看风景的人吗？唉！这一天天的，老子在外拼命灭蝗虫，回过头来还得哄你们这帮懒虫。他严厉驳斥道："过去楚王亲自吞食蝗虫，咬破了嘴巴，却痊愈了。孙叔敖杀死了毒蛇，不仅没有遭到灾祸，反而成了大富大贵之人。赵宣子是贤臣吧？他之前也因果断屠狗而被咬受伤。孔子是圣人吧？他曾经也因亲自杀羊而沾染鲜血。古代的圣贤都主张爱护百姓，必要的时候抛弃牲畜。如今蝗灾严重，消灭它们还来得及。如果放纵它们啃食庄稼，天下的百姓都饿死了，难道就不伤和气了吗？灭蝗的事情，皇上已经准奏，您就不要再多嘴了。如果因为杀虫救人而得罪上天，也由我姚崇一人承担，绝不连累到您。"

姚崇先搬出一系列圣人消除害虫猛兽和先贤亲自屠宰牲畜的例子来说明，他们不仅好好地活着，还被后人顶礼膜拜。圣贤们都这么做了，咱还担心什么？接着，他又搬出皇帝，老大都点头了，你还多什么嘴？最后，安慰卢怀慎，我不会连累你，你就好好地待在一旁凉快去吧！胆小的卢怀慎果真闭嘴了，既然你都这么说了，我还能做啥子呢？

姚崇凭借出色的口才、超强的胆识和有效的方法，说服了反对派，安抚了老百姓，最终带领大家完成了艰巨的任务——扑灭蝗虫。从此以后，大唐也迎来了它的鼎盛时期——开元盛世。

举例子，摆史实，讲故事，流眼泪，都是说理的具体技巧。高手们善于根据不同的形势，灵活地运用各种手段，达到自己的目标。晏子就是一个针对不同的人使用不同说服方式的牛人。

特别会说话的小技巧

1. 引用权威们、圣贤们的观点与名言，可以增强说服力。

2. 以子之矛攻子之盾，顺着你的话语，推出更加荒谬的结论，让对方承认自己的真实处境。

3. 在危难时刻，要勇于承担责任，表现出大无畏的精神，才能感染众人，赢得尊重。

晏子

——对敌人，秋风扫落叶；对朋友，春风暖花开

假设你是对的，然后证明你是错的

晏子经历齐灵公、庄公、景公三朝，辅政长达五十余年，受到了三代君王的信任与重用，而且这几个大王基本算不上明君，晏子到底是怎么做到的呢？

他有一张"夺命剪刀嘴"！

出使外国，面对别人的刻意羞辱，能把对方"剪"得体无完肤，犹如无情的秋风，扫尽了大树上的枯叶。有一次，晏子奉命出使楚国，楚王对左右的人说："据说晏婴是齐国最能言善辩的人，既然他要来，我想羞辱羞辱他。大家一起想想办法，让他出出丑、流流汗，别让人觉得咱们好说话。"

楚国君臣聚在一起，绞尽脑汁，想出了各种馊主意。

待到晏子出使楚国的那天，到了城门口时，楚国人嘲笑他身材矮小，故意不开正门，而是开个小门来迎接他。那个时候，大户人家会在正门旁的墙根开个小门或留一小洞，方便阿猫阿狗出入。

你这小身板，还想走大门，只配钻狗洞！

面对楚人的羞辱，晏子没有恼羞成怒，异常冷静地说道："只有出使狗国的人，才从狗门而入。我现在出使的是大名鼎鼎的楚国呢，还是小丑遍地的狗国？"（在遭遇别人刻意嘲讽或挑衅的时候，可以顺着他的思路，用他自己的话噎死他。难道我现在出使到了狗国？要见狗大王？）

楚国人一听，再不开门迎接对方，我们不都成了狗国的狗奴才了吗？我们大王岂不成了狗王了吗？唉，算你狠！开门，放人！恭恭敬敬地邀请晏子进城。

晏子拜见楚王，身材虽然矮小，却挺直腰板，走路带风。楚王上下打量着身体一般、长相普通的晏子，不屑地"哼"一声，跟这个家伙一比较，我简直帅到爆啊！他自信满满地挑衅道："你们齐国没人了吗？居然派你这样的人到我们国家来！"

晏子不甘示弱地答道："我们齐国首都临淄有上万户人家，展开衣袖可以遮天蔽日，挥洒汗水有如倾盆大雨，人挨着人，肩并着肩，脚尖碰着脚跟，怎么能说齐国没有人呢？"（有时，举例子也可以结合形象生动的细节描写，像放电影一样，将事物清晰立体地展现在眼前，给对方强烈的视觉震撼，哇，原来你们这么强！）

哼，齐国怎么会没人？我们人才济济，团结一心，谁想打我们的主意，分分钟灭了他。

搞了半天，一点便宜没占着，还让晏子赢得上风。楚王不甘心，继续挑衅道："哦，既然这样，为什么派你这样一个人来做使臣呢？"（咱俩颜值都不在一条生产线上，派你来是侮辱我的吗？）

晏子依旧昂首挺胸，回答道："我们齐国派遣使臣，按人分配。贤明的使者被派遣到贤明的君主那儿，无能的使者被派遣到无能的君主那儿。我是齐国最无能的人，所以就只好出使楚国这么个地方了。"（以其人之道还治其人之身，你不是说我差劲嘛，因为你跟我是同一路货色，咱们半斤对八两。你的档次跟我一样，拉低了自己国家的水平，不派我这么无能的人来与你对接，难道派个高人来？）

楚国的老头子们惊呆了，晏子的确不好惹啊！

可是，楚王依然不死心，我堂堂一个大王，还治不了你个小矮子？当晚，他设宴款待晏子，亲自导演一场好戏。酒喝得正尽兴的时候，楚国的两个官员绑着一个人，故意从旁边大张旗鼓地走过。楚王瞟了瞟晏子，大声地问道："你们绑着的是什么人啊？"官员恨不得拿大喇叭喊道："他是齐国人，来到楚国不好好劳动，偷了人家的东西，被我们抓住了。"

楚王的嘴唇轻蔑地一撇，眼珠一转，话中带讽："你们齐国人是不是喜欢偷窃啊？"（你们齐国的土壤适合生产奇葩吗？）

又是赤裸裸的挑衅！狡辩？沉默？都不行！

只见晏子从容不迫地离开座位，镇定地说道："我听说橘子生在淮河以南就是甜甜的橘子，生在淮河以北就变成酸苦的枳果了。它们形状相似，本质相同，味道却完全不同，你们知道这是什么原因吗？"（类比论证，由大自然中的规律推到生活的规律和道理上来，由生活中的小事推到国家大事上来。晏子将自然界的现象类比到人世间的现象，让说理更加形象通俗。）

楚国君臣摇摇头："不知道啊！"

晏子解释道："一方水土养一方人。老百姓生活在齐国的时候，安分守己，从不偷窃，现在一到楚国就手脚不干净，恐怕是你们的水土有问题吧？"（顺着对方的话题往下接。你说得对，奇葩的确跟土壤密切相关。就是因为你们楚国的大环境不好，老实人来到这里，也会被逼走上邪路。）

啊？楚王老脸通红，好尴尬啊！看来我们不是晏子的对手。他自我解嘲地笑道："圣人就是圣人，不能同他开玩笑的，我们这是自讨没趣。来，喝酒，喝酒！"

一番斗智斗勇，晏子始终保持着君子的风度，驳得楚国君臣哑口无言。当然，他之所以敢于硬杠楚王，除了因为他有出色的口才，还在于他背后国家的实力强大。齐国在姜太公治理的时候，就已经是富裕的诸侯国。自从齐桓公任用管仲推行改革以后，又走上了强盛之路，北击山戎，南伐楚国，九合诸侯，一时间，成为天下共主。后来虽然逐渐没落，但瘦死的骆驼比马大，强悍的实力依旧摆在那儿，任何国家也不敢忽视。

晏子出色的表现，既为齐国赢得了面子，也为自己赢得了位子。敢于怒撑大国君王，谁见了他，不会礼让三分？但是，晏子却不骄傲，更不高调，在与自己国家君王的对话中，他既不硬杠，也不逢迎，而是小心谨慎，善于进谏。

他修炼了一套属于自己的"太极组合拳"。

直捣黄龙，不如绕个弯子

在晏子出使鲁国期间，齐景公彻底放飞自我，征集了很多百姓，准备建造一个巨大的娱乐场所，供他游玩、休息。到了年底，天气寒冷，工人们受冻挨饿，不免牢骚满腹，心生抱怨。回到齐国的晏子听闻此事，并没有犯言直谏，来一记左勾拳，右勾拳，而是打出一套"晏氏太极拳"。一天晚上，齐景公设宴慰劳晏子，你从鲁国回来，辛苦了。两人饮酒畅谈，聊聊人生，谈谈理想，氛围非常融洽和谐。

齐景公很开心，想要赏赐晏子。

晏子点点头，情绪调动得差不多了，开始我的表演！他起身对齐景公请求道："大王若要赏赐微臣，就让我为您唱支山歌吧！"

齐景公笑得嘴巴如同绽开的荷花，我大齐国的晏子竟然要开个人演唱会！有意思，平时一本正经的人还是个非主流歌手？快，快，给寡人露一手。

晏子清清嗓子，唱道："民间的百姓私下里说，冷水淋湿了我的衣襟，寒彻骨髓，怎么办啊，怎么办？朝廷的奢侈耗费了我的精力，生存不易，怎么办啊，怎么办？"（面对喜欢、爱护你的领导，苦情大戏更容易打动他。）

是时候展现真正的演技了！唱着唱着，晏子流下了一行眼泪。齐景公慌了，这可如何是好？喝酒喝得很尽兴，唱歌唱得很动听，怎么突然哭了呢？难道是因为我没有买演唱会的门票？还是因为我没有拍手叫好？

仔细琢磨着晏子的歌词，齐景公似乎明白了什么，马上走到晏子的身边，安慰道："小晏，你为何这么伤心？难道是因为我修建娱乐场所吗？你别哭了，我让他们停工就是了。"晏子马上起身，再三拜谢，大王英明！

为了把功劳让给齐景公，晏子提早来到建造工地，大声呵斥那些工人。你们这些人，还不赶快劳动，大王让你们修个宫殿，到现在还没有完工，想不想回家了？

晏子这是怎么了？脑袋被驴踢了吗？东西南北的寒风，抽的到底是哪阵风？

工人们内心都在咒骂晏子，这个家伙平日里装模作样，没想到这么坏！难道他不知道我们又冷又饿吗？

晏子还没到家门口，齐景公下令停工的通知就到了。

整个工地欢呼雀跃，大家感谢齐景公的恩德，开开心心把家还。晏子没有沽名钓誉，没有让君王难堪，先等齐景公高兴的时候，表演苦情大戏令其感动和反省；等齐景公认识错误，采纳建议，晏子又不惜自毁形象，表演反派人物，突出主角的光芒，树立国君在百姓心中的威望。

所以，他成了"三朝不倒翁"！

齐景公看到晏子的老婆又老又难看，顿时同情心爆棚。对，公主继承了我的优秀基因，沉鱼落雁，貌美如花，给他做老婆，岂不很好？嘿，晏子为国操劳政事，我来为他操办婚事。

面对天上掉馅饼的事情，晏子并没有答应。娶了公主，我得伺候她，万一感情不好，还会影响君臣关系。可是，面对领导的一番好意，如何拒绝呢？总不能说我不想娶你女儿吧？晏子又打出了感情牌，回答道："我老婆虽然现在又老又丑，可年轻的时候也曾美丽漂亮过。她在最美好的年纪把自己的一生托付给我，与我同甘共苦，不离不弃，我也承诺会照顾她一辈子。现在，您让我娶您的女儿，不是让我背弃当年的承诺吗？"（我跟老婆情深义厚，总不能喜新厌旧吧？那她的晚年该多么凄惨？为了让对方觉得不是借口，晏子特意强调了自己的老婆也曾很漂亮。公主现在很美，总有年老色衰的时候吧？到时怎么办呢？）

厉害，厉害！这么痴情的男人很少见啊！齐景公又共情了，对晏子竖起了大拇指。岳父做不成了，继续做爱护你的君王吧！

劝说他人犹如拍电视剧，讲笑话属于喜剧，讲故事好比悬疑剧，拉家常是家庭剧，流眼泪乃苦情剧，不同的观众有不同的喜好，可以根据其要求，随时调整变化。也可以在悲剧里搭配喜剧情节，在家庭剧里融入悬疑故事。必要的时候还可以导演一出恐怖剧，让对方内心慌慌，瞬间破防。

特别会说话的小技巧

1. 善于根据不同的形势，灵活地运用举例子、摆史实、讲故事、流眼泪等各种手段，达到自己的目标。

2. 使用归谬法，假设对方的论题正确，然后从假设之中得出自相矛盾或明显谬误来，从而否定对方的论点。假设"走狗门"是对的，那么，"你们是狗国"的结论也是对的。

3. 举例子也可以结合形象生动的细节描写，像放电影一样，将事物清晰立体地展现在眼前，给对方强烈的视觉震撼。

4. 劝诫位高权重而又自负自大的人，要避免正面批评，最好采用委婉曲折的方式。

第四章

横刀立马，让你瞬间破防

善于创设、渲染危险情境，
让对方感到无能为力，担惊受怕。

如果你实力雄厚，底气十足，面对患得患失、犹豫不决的人，可以采取虚张声势的方式，让他明白，不听你的劝告，就会失去现在拥有的一切，甚至更多。张仪、苏秦就是这方面的高手，利用六国对秦国强大实力的恐惧、秦国对六国合纵的担忧而威逼利诱，左右逢源，以达到个人的目的。甘罗年纪虽小，却善于借助吕不韦的势力，轻松唬住了对方。杨善身无分文，却利用明朝的强大，用零预算拿下了大目标。口才大师们往往都是借力打力的顶级高手。

甘罗

——丞相，借你的宰牛刀一用

让你乖乖去做人质

甘罗乃秦国丞相甘茂的孙子，爷爷去世之后，十二岁的他凭借超强大脑和丰富知识进入吕不韦的门下，担任少庶子之职。当时，吕不韦为了扩大自己的封地，想要攻打赵国。他首先派蔡泽到燕国活动，说服燕王参与攻赵的联合行动。为了表示诚意，燕王派遣燕太子丹到秦国做人质。来而不往非礼也，派谁去燕国呢？吕不韦叫来将领张唐，给你个好差事，去燕国当相国如何？

张唐是个人精，此番前去，说得好听是相国，实则是人质。而他曾经跟随秦昭襄王征战魏国、赵国，掠夺了大量的土地，斩杀了无数的士兵。赵国人对他恨得咬牙切齿，赵王也下达了终极追杀令：杀张唐者，赏赐百里之地。一旦走出秦国，谁来保护自己？如今功成名就的张唐再也没有了当年冲锋陷阵的兴趣与勇气，我之前拼命砍人，不就是为了现在做人上人吗？他使劲地摇摇头，说道："赵国人怨恨我，悬赏重金追杀我。如果我前往燕国，必定要经过赵国，岂不是白白送死吗？"

吕不韦的脸绿了，你居然敢拒绝我？不过，人家张唐好歹也是战功显赫的大将，总不能拿刀逼着他去吧？吕不韦只能压制着怒气，让张唐先行退下。不一会儿，甘罗进来了，看到主人脸色极差，问道："您为什么不高兴呢？"

"嘿，我请张唐去燕国为相，他竟然不知好歹，推辞不去。"吕不韦火气直冒。

听闻事情经过的甘罗微微一笑，说道："这不难，我有办法让他去！"

呃？张唐气我也就罢了，你一个小屁孩居然也跑过来凑热闹？我的能力还不如你吗？气不打一处来的吕不韦训斥道："我亲自出马请他都不行，你能有什么办法！"

甘罗理直气壮地回答："古时候项橐七岁就做孔子的老师，我如今已经十二岁了，您为何不能让我试一试呢？为什么不由分说地训斥我呢？您怎么知道我不能成功？"

也对，反正试错的成本并不高。好吧，你去！吕不韦同意了。

甘罗拜见张唐，说道："您的功劳比起武安君白起，谁的大？"

"白起将军打败楚国，威震燕赵，战则胜，攻必克，夺取的城池不计其数。我的功劳怎能和他比？"张唐谦虚地说道。

"真的吗？你真的觉得自己不如白起吗？"甘罗追问。

"是的！"

有自知之明，甚好！让你一步步地进入我的圈套。甘罗又问道："当年的相国范雎与如今的相国吕不韦相比，谁的权势更大？"

嬴政年幼，吕不韦独掌政权，说一不二，谁敢跟他比？张唐说道："范雎不如吕相国的权力大。"

"确定吗？"

"确定以及肯定！"

"当年，范雎想要攻打赵国，受到白起阻拦，结果，他设计逼迫白起自杀。现在，吕不韦亲自请您前往燕国为相，您却执意不肯。不知道您将来会是什么下场呢？"（甘罗的游说很有意思，抛出简短的问题，让对方作出选择，看似双选题，实则是单选题。你张唐现在不是怕死吗？不是担心地位受损吗？我就让你知道，去燕国，还有可能活着；不去，下场将会很惨。白起那样牛的人都被范雎逼死了，而你的影响力并没有白起大，吕不韦又比范雎更凶狠，你觉得对抗吕不韦的后果是什么？）

让你开心来送礼

张唐抹着额头的汗，唉，想我戎马一生，竟被一个小孩唬住了。不过，他说得对！他赶紧回答道："我听从安排，这就去燕国。"然后，张唐立即让人准备车马盘缠，择日起程。

救人救到底，送佛送到西。甘罗回到吕不韦的身边，说道："请您替我准备五辆马车，让我先去赵国为张唐疏通一下，避免他被人杀害。"

此时的吕不韦对眼前的少年刮目相看，好小子，我这就替你安排！他立即进宫请示秦始皇，正式任命甘罗为使者。赵王听说后，亲自到郊外迎接大国的小使者。甘罗直接问赵王："您知道燕太子丹到秦国做人质的事情吗？"

"听说了。"

"您知道张唐要去燕国为相了吗？"

"是的！"面对强秦的使臣，赵王恭恭敬敬，就是不知道对方葫芦里卖的什么药，老是问一些大家都知道的问题。

"燕太子丹到秦国来，说明燕国不敢背叛秦国；张唐到燕国去，说明秦国不会欺负燕国。秦、燕两国互不侵犯，想干吗呢？就是想攻打你们赵国来扩大咱们河间一带的领土。大王不如先送五座城池给秦国，表示你的诚意。然后我马上请求秦王送回燕太子丹，再帮助你们赵国一起攻打弱小的燕国。如此一来，你们不仅没啥损失，还可能赚得更多。"（甘罗继续抛出单选题，让赵王自己选活路还是死路。他之所以说话如此强硬和自信，是因为秦国已经足够强大，强大到可以随时吃掉一个国家。如果他是小国家的使者，断然不敢这么说话，即使说了，也没用。）

赵王不傻，拒绝提议，自己的国家不保；选择服从，损失的土地可以从燕国赚回来。他立即答应划出五座城池给秦国。很快，秦国送回燕太子丹，张唐也不用担惊受怕地去燕国了。有了坚强的后盾和支援，赵国有恃无恐地进攻燕国，夺取了上谷地区三十六座城池，又献出十一座给秦国。

甘罗借吕不韦这把锋利的尖刀震慑张唐，你得罪了吕相国，会是什么后果？自己想想吧！他又借秦国这把涂满鲜血的屠刀震慑赵王，得罪了秦国会是什么后果？在别人吓得瑟瑟发抖的时候，又假装雪中送炭，你如果配合秦国，咱就全力支持你抢别人的糖吃。几句风轻云淡的话实现了一箭四雕：一是不费吹灰之力，得到十六座城池；二是为吕不韦排忧解难，轻松拿下梦寐以求的土地；三是卖了张唐人情，让他免于被罚；四是解除了赵国的危机，让赵王对他感恩戴德。只不过，最弱小的燕国沦为了待宰的羔羊，用自己的牺牲换来了强者的开心。

借刀杀人的招数被年少的甘罗用得游刃有余、炉火纯青。他顺利地完成了任务，一战成名。秦始皇很开心，封甘罗为上卿（卿分上、中、下三等，上卿为最高的等级）。

人一旦选择多了，就会犹豫不决。震慑对方，就要断了他的选项，不是黑即是白，由不得他做第三种选择，让他在危机中抓住你抛过来的救命稻草。当然，你这根稻草得足够牢固。适当地"秀秀肌肉"，可以让对方看清楚你真正的实力。明朝的杨善就通过"秀肌肉"，实现了用零预算拿下大目标。

特别会说话的小技巧

1. 采用提问的方式缩小前提条件，"逼着"对方得出结论，作出选择。

2. 如果自己实力不够，那就搬出强大的背景让对方就范。

杨善

——零元的预算，百万元的效果

一场精彩的"达人秀"

明朝正统年间，瓦剌部进犯边境，一路势如破竹。明英宗朱祁镇在心腹宦官王振的怂恿下，热血沸腾，信心满满，我要跟瓦剌人单挑！他不顾群臣反对，临时凑足二十万人，御驾亲征。不专业的人做了专业的事，结果可想而知。准备不足，粮草不济，很多大臣战死，明军损失惨重，只能边打边退，到了土木堡（今河北怀来东）的时候，又被瓦剌人团团围住，全军覆没，王振被杀，明英宗被俘，这就是著名的土木堡之变。

大明江山岌岌可危，北京城乱作一团。一向威震四海的大明王朝，怎受得了如此奇耻大辱？文臣们早就对太监党们看不顺眼了，聚在朝堂之上，向当时负责监国的郕王朱祁钰冒死进谏，强烈要求诛杀王振党羽，否则，就拼个你死我活。

朱祁钰一时拿不定主意，大臣们越说越激动，你一言我一语，堂堂的大明王朝怎会沦落到如此地步？定是奸臣误国，矛头直指王振。千般煎熬又何如，莫道黯然销魂，泪眼蒙眬。大家越说越伤心，朝堂上顿时哭声一片。

锦衣卫指挥使马顺是王振的死党，平时耀武扬威惯了，看到群臣如此明目张胆，站出来大声呵斥："你们在这里搞什么，不怕死吗？"没承想，这些文官真的不怕死，而且还拥有超强的战斗力，让马顺真切地感到了什么叫化悲痛为力量。有人抓着马顺的头发，有人挥出愤怒的拳头，还有人张开血盆大口，大家郁积在胸中的闷气、怨气、憋气统统化作连环拳、无影脚。你一拳，我一脚，打得武功高强的锦衣卫指挥使毫无招架之力，躺在地上，一会儿就没气了。

平时养尊处优的朱祁钰哪里见过如此血腥的场面？赶紧往外跑，这皇帝我不准备做了，万一哪天弄不好，被这群披着文弱外衣的野蛮人打死，岂不很惨？

兵部尚书于谦看朱祁钰要跑，这哪成？国不可一日无君，再说，如果别人当了皇帝，这帮在朝堂斗殴的文臣估计都要去极乐世界。他赶紧上前拦住朱祁钰，故意大声说道："殿下（当时还不是皇帝），马顺是王振的余党，其罪该死，请殿下下令百官无罪！"朱祁钰冷汗直冒，双手发抖，你们咋说，我照办！他立即下令逮捕并处死王振的党羽，同时嘉奖百官的义举，你们是正当防卫，不是过错方。

郕王朱祁钰在诚惶诚恐中登基了，成为明朝第七位皇帝——明代宗。

于谦和主战派官员领导和组织了京师保卫战，取得了决定性的胜利，风雨飘摇的大明王朝总算安定下来。但是，瓦剌的军队依然在京城附近转悠。也先首领想进攻，又没实力；想撤走，又不甘心。

左都御史杨善自愿请求前往瓦剌，深入敌后，营救英宗，说服瓦剌部贵族首领也先撤军。所有人包括现任皇帝都觉得这是不可能完成的任务，明代宗想也没想就答应了，只交代了一句话："迫使也先停战！"但他一不给礼物，二不给钱财，意思很明确，你要去送死，我也没办法。

也先得知使者到来，专门派了一个聪明机灵的人前往迎接，借机刺探明朝的实际情况。

两人见面之后，也先的"特派员"聊起了家常："嘿，我原来也是大明的人，自从被瓦剌人俘虏之后，就一直留在这里。"拉近了距离之后，又亮出了"刺刀"："我很纳闷，当年土木堡战役，大明军队怎么还没交战就溃散了呢？"（就你们这尿样，也敢来谈判？）

杨善明白，外交风云变幻，首先不能输了气场，他想通过我们曾经的失败镇住我，没门儿！杨善表情淡定地说道："太平日子过久了嘛，将帅士兵们都习惯了安逸。再说，当年抵挡你们的，并非我们的正规军，只是英宗的护卫随从。他们不得已在仓促之中上了战场，又遭到了瓦剌的突然袭击，怎能不溃散呢？不过，你们那次虽然获胜，也未必是福。如今大明的皇上即位后，锐意进取，广纳建言。有人献计说：'瓦剌人侵犯大明，必定要骑马翻山越岭。如果下令边境守卫部队在当地密布铁橛子，上留尖锥，等瓦剌战马路过之时，马蹄就会被尖锐的铁橛子扎穿，敌人还怎么战斗呢？'皇上采纳了建议，并立即施行。又有人建议：'现在我们的大炮，一次只能发射一枚石炮，杀伤力很小，如果装备像鸡蛋一般大的石炮群（有点类似现在的集束弹），发射之后扩散到四面八方，杀伤力必定大大增强。'咱们的皇上马上接受了这个建议。还有人建议：'广西、四川一带百姓猎杀老虎的时候，将毒药涂在箭头上。这种箭一旦射入皮肉，无论是猛兽还是壮汉，绝对会立刻毙命。'这条建议也被采纳了，特制的毒药已经从广西等地源源不断地送来。咱们的皇上又选拔了三十万个神箭手，以罪犯为活箭靶，日夜操练，收效甚好。有人献策道：'现在火枪队虽然人数不少，但是，敌人每次都趁我军装填子弹之时，骑马冲入阵地。如果建造大型双头火枪，一次便可填装很多铁弹，涂上毒药，排在单人火枪队的后面，必定让敌人有来无回。'经过试验证明，我们的新型火枪队很给力。

"现如今，只要是献计献策的人，都能封官获赏，全国上下争相献策。士兵们勤加操练，摩拳擦掌，跃跃欲试。可惜，全都用不上了。"（杨善先通过震慑对方来撑场面，他创设险境的方式很有意思，给你详细地展示我们现在各方面的真正实力，让你在具体形象的描绘中明白，大明朝已经今非昔比，再也不像以前那么不堪一击了，要人才有人才，要武器有武器，要决心有决心。好比在一个人面前，从各个角度秀出自己的胸肌、腹肌、腰肌、背阔肌、肱二头肌、肱三头肌，等等，就是要让对方在强烈的视觉震撼中感到害怕。咱现在已经从"弱鸡"升格为猛男了，你还敢跟我打架吗？）

也先的"特派员"被成功镇住，问道："为什么用不上了呢？"

你缺什么，我就给你什么！

"如果大明和瓦剌握手言和，相互尊重，这些计策和武器还要派上用场吗？"杨善在压住对方的气势之后，又伸出了橄榄枝。

"特派员"立刻向也先报告了情况。

也先摸着胡须，心中一惊，没想到这次来了个牛人，我来会会他！也先一上来就质问道："你们和我们友好多年，这次为什么减少进贡的物品？你们给的锦缎也都被剪成了两段，这是在侮辱我吗？我派去的使者也被你们扣押在行馆中，无法自由活动。这是什么意思？挑衅我吗？这笔账怎么算？"

面对也先的咄咄逼问，杨善早就做好了调查与规划，用事实一一驳斥："您父亲那一代，来大明进贡马匹的时候，派出的使者不过三十多人，得到赏赐的也只有十几个人，你们从未计较。所以，两国的情谊越来越深。现在，您派到大明的使臣有三千多人，见了我们皇上之后，每个人都想得到赏赐，甚至小孩都不例外。这么多人，光赐宴就会花费一大笔钱。皇上在你们回去之前，又要赐宴一次。然后，安排专人护送你们，怎么会有扣留使者的事情呢？估计是随同使臣一道来的下人，在大明地界为非作歹，不守法律，又害怕主人惩罚，畏罪逃跑了吧？至于逃到哪里去了，谁也不知道。我们留下这些累赘，有什么用呢？又怎么可能把他们扣押在行馆之中？"（不是我们小气不给钱，是你的胃口太大了，动不动几千人过来索取，你以为我们大明是慈善机构吗？对于别人无理的挑衅，就要依据事实逐一反驳。）

事实胜于雄辩，也先频频点头："你说得对！"

"至于被剪的锦缎，那都是使臣的奴仆干的。他们将一匹锦缎剪成两段，估计是为了方便私吞。您若不信，可以搜查他们的行李，好的锦缎都被他们藏起来了。"杨善提前将事情的来龙去脉调查得一清二楚，所以能够应对自如。

也先见对方一下子就看出了真相，只能赔笑道："对，对，你说的都是实话，那些都是小人的谗言。过去的，都让它过去吧！"

既然气氛缓和了，那就直接切入主题："您是瓦剌的首领，却听信小人谗言，忘记了大明皇帝的恩惠，时不时侵犯边境，残杀百姓。上天也有好生之德，您却杀戮不断，对那些俘虏使用酷刑。他们痛苦的惨叫声，上天怎么可能听不到？"

也先抹着头上的冷汗，辩解道："我没有下令杀人啊！

都是下面的人不听话。"

这种小儿科的话只有鬼才相信，但是，在外交场合，不相信也得装作相信。杨善趁机抛出了核心话题——议和："既然现在两国误会解除，握手言和，能否请您下令撤兵？"

也先笑了，嘿，我等的就是你这句话。但他犹豫不决，如果放回英宗，万一他将来当不上皇帝，又怎能给瓦剌带来好处和实惠呢？他担心地问道："你们皇帝（英宗）回去之后，还能坐上龙椅吗？"

"天位已定（新皇帝已即位），怎能随意更换？"杨善直接否决了。做不到的事情，不能随便答应，否则，又会引起双方的误解和战争。

有个瓦剌大臣不乐意了，你老人家这次前来，只想空手套白狼？什么贵重礼品都不带？我们即便不收礼，你也不能不送吧？他插嘴道："贵国派您来迎接老皇帝回国，带了什么礼物答谢我们首领呢？"

啊，新皇帝还真没给我礼物，怎么办呢？说实话？绝对找死。画大饼？我又没权利，万一到时新皇帝不给，我岂不要遭殃？那就把你夸上天，你一高兴，还在乎这点小钱吗？反正你又不缺钱。杨善笑着说道："如果携带礼物，后世的人会嘲笑您贪财；如果空手来，而您却放了皇帝，史官们会称赞您的大义。顺应天道，一言九鼎，您就是史上最顶天立地的男人。臣回去之后，一定亲自督促史官详细记载您的伟大事迹，表现您的博大胸怀，让后世之人永远传颂您，敬仰您。"（要善于根据对象的身份与渴求量身定制劝说的内容和技巧。也先缺的不是钱，而是名声；要的不是礼物，而是面子。正所谓，缺什么，就要突出什么。杨善投其所好，大大满足了对方的虚荣心。）

也先开心地笑了，他也能流芳百世了！连连说道："好，好，就请你仔细地为我写一写传记吧！"然后，他大摆宴席，款待杨善，并为英宗饯行。

当杨善带着老皇帝安全归来的时候，众人纷纷投来了不可思议的眼光，这家伙还真是外交天花板啊！仅凭一张破嘴，完成了几乎不可能的任务，咱服了，彻底地服了！代宗却不高兴了，我让你去碰碰运气，你却给我带来一肚子气，把老皇帝弄回来，几个意思？要逼我下岗吗？普通人下岗，还可以再就业；皇帝下岗，只能去地狱。所以，杨善虽然建立奇功，却并未得到应有的奖赏。

后来，被囚禁在南宫的英宗朱祁镇在大将石亨、政客徐有贞、太监曹吉祥等人拥戴下，突然发动政变，上演了一出南宫复辟大戏，重新夺回皇位。明英宗并未忘记曾经冒着生命危险救他回来的恩人，杨善也因此加官进爵，得以善终。

给对方施压不能只靠装腔作势，而要通过具体的分析，凭借外在的压力和创设的情境，让对方感觉处于悬崖的边缘。甘罗借吕不韦、秦国来震慑对方，缩小对方的选择范围。杨善将大明王朝具体的实力一一摆在也先的面前，让对方在强烈的震撼中感到害怕，然后再予以拉拢，迎合对方想要好名声的心理，提出为他立传立言。

在实际的劝说过程中，还得找准给对方施压的时机，综合运用各种手段，激发出施压的最大威力和效果。苏秦就是这方面的顶级高手。

特别会说话的小技巧

1. "秀肌肉"就要形象生动，借助细节，摆出条目，让对方明明白白地看到或者想象到你强大的实力。

2. 说服对方的同时，还得带给他看得见的好处，屠刀和大礼，两手都要有！

苏秦

——左手拿着硬糖，右手挥起大棒

对象、时机、技巧，一样都不能少

有个处于底层的年轻人，看着一贫如洗的家庭，刨开祖坟，往上数个十八代，也还是农民。怎么办呢？学习能够改变命运。战国时代，知识已经不再是贵族的奢侈品，平民百姓也能读书求学。他长途跋涉，来到齐国，拜师鬼谷子，跟同样来自草根的张仪成了同学。

苦学了一年之后，他觉得自己可以治国平天下了，对家人夸下海口，我不靠颜值，要靠才华吃饭，要去仗剑走天涯。引得周围人纷纷投来鄙视的目光，一天到晚不干活，做什么白日梦呢？

唉，你们不懂，我现在有多牛！年轻人将首要目标锁定在周天子的都城洛阳，不去"超一线城市"显摆显摆，也对不起我这一身才华啊！他想求见周显王。此时的周王朝虽然比不上春秋时期那么强势，但是大臣们依然坚守仅剩的一点贵族自尊，他们对这种不愿劳动、一心求官的底层草根不屑一顾，什么玩意儿？你以为是个人就能做官吗？

碰了一鼻子灰的年轻人只得掉转船头，去哪里好呢？对，去秦国。来到秦王宫，他直接劝说秦王搞"连横"："大王您如今西面有富饶的巴蜀，北面有丰厚的物产，南面有天然的屏障，东面有坚固的关隘。耕田肥美，百姓富裕，战车万辆，武士百万。您的国家有贤明的大王、团结的民众、充足的粮食、厉害的士兵，想要兼并诸侯，独吞天下，那也是分分钟的事。希望您能让我来助您实现统一大业。"（苏秦极力夸赞对方的实力，煽动他的野心，这是策士们的常规手法。）

当时的秦王是个冷静之人，野心也得有实力支撑啊！他委婉地拒绝了："您大老远跑来开导我，真是辛苦了。我改天再聆听您的教诲吧！不好意思了。"秦国虽然经过商鞅变法而实力大增，却没到可以抗衡六国的程度，称霸的条件不成熟。如果任用你，不等于过早地承认自己要与六国为敌、一统江湖吗？无数的历史事实证明，枪打出头鸟，早称王，不如高筑墙，广积粮。

年轻人一连上了十多次奏章，始终没得到重用。手中的盘缠用完了，不得已离开秦国回家乡。一路上风餐露宿，最后饿得面黄肌瘦、披头散发，宛如恐怖片中的干尸，站在家门口。大家一看他混成这个屃样，铁定没戏了。妻子埋头织布，看都不看他一眼。嫂子也不给做饭，没用的东西，吃饭也是浪费粮食；甚至亲生父母都连连摇头，唉，怎么生了这么个不中用的东西！

年轻人的名字叫苏秦。

他明白了，自己的学问还不够精深，那就沉下心来刻苦学习。每天发奋钻研，画重点圈要点，读到困倦打瞌睡时，就用锥子噗地刺一下自己的大腿，然后继续看书研究，鲜血流到脚上也不在意。刻苦攻读了一年，苏秦精神大振。如今，秦国周边的国家都害怕被强大的秦国吞并，既然连横不行，我就来个合纵抗秦。

他前往秦国邻居之一的赵国，但当时赵王的弟弟、国相奉阳君很不喜欢苏秦的为人。苏秦只能转移目标，去燕国碰碰运气，等了一年多才见到燕文侯，直接就上"硬菜"，噼里啪啦地说道："燕国东有朝鲜和辽东，北有林胡和楼烦，西有云中和九原，南有滹沱河和易水。国土纵横两千多里，军队几十万人，战车七百多辆，战马六千多匹，粮食够用十年。南边有碣石和雁门的丰饶物产，北边有密枣和栗子的丰厚收成，老百姓就算不耕作，仅靠天然的物产也能生活了。大家安居乐业，没有战争，论和平环境，谁能比得上燕国？大王您知道这是为什么吗？（先采用整齐有气势的排比句，给对方一顿猛夸，让他感觉自己把国家治理得井井有条，实力满满，然后再抛出问题，吊足对方的胃口。）

"因为有赵国在南面作为您的屏障。秦国和赵国发生过五次战争，秦国两胜而赵国三胜。秦、赵相互削弱，而大王安然无恙，牢牢控制着大后方，这不就是燕国不受侵犯的缘故吗？如果秦国攻打燕国，要越过云中和九原，经过代郡和上谷，长途跋涉几千里，即使能够攻下燕国的城池，它也明白自己根本得不到什么好处。如果赵国攻打燕国，情况就大不一样了。只要赵王一声令下，不出十天，数十万军队就能进驻东垣一带，再渡过滹沱河和易水，不过四五天就可以到达燕国的都城。您觉得有必要跟秦国交好而跟赵国交恶吗？万一秦国攻下赵国，它的下一个目标又会是谁？您不如与赵国合纵抗秦，抱团发展，那么，秦国还敢放肆吗？赵国还会打过来吗？如此，燕国就没什么可担忧的了。"（用唇亡齿寒的道理来说服燕王，赵国是你抵御秦国的第一道防线，如果不跟它搞好关系，你离死还会远吗？）

此时的燕文侯急于建功立业，如果能够率先发起合纵联盟，不就扬名天下了吗？他恭敬地对苏秦说道："我的国家本来很弱小，现在承蒙您的指教，用合纵来保全国家。我愿意把整个国家的命运都托付给您。"

除了口头点赞，还有实惠礼包。燕文侯大手一挥，你去替我到各国活动，促成合纵大业，车马、金银随便用！要多少有多少，管够！

苏秦从贫困户秒变大土豪，信心满满地来到赵国。此时奉阳君赵成已死，苏秦顺利地见到了赵王，张口就来："天下从上层人士到底层百姓，都非常仰慕您这样施行仁义的君王，都盼望着向您陈述心中的想法。只可惜，之前奉阳君挡在前面，我们无法近距离地仰望您。如今，我终于可以得见您的英姿。

"对于君王来说，没有比百姓安宁、国家太平更重要的事情了。让百姓安定的根本是什么呢？在于邦交，认清谁是朋友，谁是敌人。朋友选得对，就能天天安睡；朋友选得不对，就会天天没得睡。

"请允许我分析一下赵国的外患：假如赵国和齐、秦两国为敌，那么赵国的百姓必然没好日子过。如果赵国联合秦国攻打齐国，赵国百姓也没好日子过。反过来，如果联合齐国攻打秦国，百姓的遭遇也一样。到底应该怎么办呢？跟谁绝交？又跟谁握手呢？"

用精细的推理震慑你

苏秦继续说："身为君王的您，肯定不能轻易作出决定。请让我为您分析一下其中的利害得失吧！您如果能听得进我的忠告，会有什么好处呢？燕国一定会献出盛产毡裘狗马的土地，齐国一定会献出盛产鱼盐的海湾，楚国一定会献出盛产橘柚的园林，韩、卫、中山等国也会奉上最好的土地。到那时，您的父亲兄弟、亲戚子孙都可以封侯了。

"人的本性是逐利的，如果不能获得土地和权力，那春秋五霸干吗冒着全军覆没、主将被俘的代价去打仗呢？如果不能让跟随自己的人封侯获利，那商汤、武王为什么要冒着被杀的代价去攻打自己的君王呢？如今，您只要稳坐后方，动动手指，就能轻松得到土地和权力。这就是我为您带来的计谋。

"现在赵国的处境是：如果与秦国交好，那么秦国一定会利用这个机会去打击削弱韩国、魏国。魏国削弱了，就会将河外之地割让给秦国；韩国削弱了，就会把宜阳之城奉送给秦国。宜阳一旦被秦国所得，上郡就会立马陷入绝境。因为秦国一定会利用河外之地切断上郡的交通。等到周边的几个国家都相继沦陷了，赵国会怎么样呢？（说服对方，不能仅凭危言耸听和咋咋呼呼，得用深入严谨的分析和推理，细细地描绘未来的恐怖画面。你要是选错了，会有什么后果？苏秦的分析就是日后秦国吞并六国的策略，证明他的确很有远见。）

"如果秦国再攻下轵道，韩国的南阳就危在旦夕了。秦国要是出兵强夺南阳，包围周都，赵国只能被动挨打。如果秦国占据卫地，攻取卷城，齐国只得俯首称臣。秦国人的欲望永无止境，接下来会干吗呢？一定会发兵进攻赵国。假使秦军渡过黄河，越过漳水，占据番吾，会有什么后果呢？秦、赵两国的军队只能在邯郸（赵国都城）城下交战了。这就是我替您担忧的原因啊！（继续用情景再现法说服对方，让对方清楚地看到秦国吞并六国的步骤。到那时，敌人堵在你家门口，指着你的鼻子，你还来得及反抗吗？）

"如今，崤山以东的诸侯国，还有比赵国实力强大的吗？赵国控制的地方纵横两千多里，能够动员的军队有几十万人，战车千辆，战马万匹，粮食堆积成山。西有常山，南有河漳，东有清河，北有燕国。（吓完了，还得捧一捧，增加对方的信心。他们虽然很强，但你的实力也不差啊！只要你愿意加强守备，秦国铁定打不过来。）

"现在天底下，秦国最忌恨的就是赵国，但它为何不敢攻打赵国呢？

"因为秦国担心韩国和魏国在后面暗算它。所以说，韩、魏两国可算得上是赵国南面的屏障了。秦国如果攻打韩、魏，没有天险，也没有困难，就如同蚕吃桑叶似的逐步侵占两国的土地。试问，韩、魏能挡得住秦国的进攻吗？它们必然会向秦国低头。解决了韩、魏，秦国接下来的矛头会指向谁呢？这也是我替您担忧的原因啊！（在劝说之前，你得分析对方的处境、劣势、优势以及脱离困境的方法，如果自己都搞不清形势，又怎能说服别人呢？苏秦对天下大势了如指掌，给对方分析将来的困境，让他在合理的想象中感到恐惧。）

"我曾经考察过天下的地图和形势，各个诸侯国的土地加起来是秦国的五倍，士兵加起来是秦国的十倍。假使六国结成一个整体，同心协力，互相帮助，一起出击，秦国还能扛得住吗？可是，大家却向秦国称臣。打败别人和被人打败，让人称臣和自己称臣，两种情况能一样吗？（分析大家失败的原因，你们实力满满，却要低头跪舔，这是犯贱，知道吗？）

"凡是主张连横政策的人，都想把各个诸侯国的土地献给秦国。秦王成功了，会干吗？建造高大的楼台，装饰华美的宫殿，欣赏动听的音乐，观看婀娜的舞蹈。至于其他君王的遭遇和损失，就不是他考虑的了。（再强势出击，你要是连横，将来连汤都没得喝，还可以享受人生吗？只能在一旁失落地看着秦王搂着美人唱着歌。）

"我所知道的贤明君主都能排斥谗言，塞住小人们的嘴巴，堵住坏人们的道路，所以我才有机会出现在您的面前，陈述我的观点，表达我的敬意，献出让赵国强大的计策。

"我个人认为，您不如跟韩、魏、齐、楚、燕结成一个互帮互助的整体，联合对抗秦国。让天下的诸侯在洹水之上会盟，消除已有的误解，商议未来的合作，歃血为盟，相亲相爱。共同约定：如果将来秦国攻打楚国，那么齐、魏都要派出精锐的军队前去援助，韩国则切断秦国的运粮要道，赵国出兵河漳，燕国固守常山；如果秦国攻打韩国、魏国，那么楚国要切断秦国的后援，齐国派出精锐的军队，赵军渡过河漳，燕军固守云中；如果秦国攻打齐国，那么楚国出兵切断秦国的后援，韩国固守城皋，魏国堵住要道，赵国挺进博关，燕国协同作战；假如秦国攻打燕国，那么赵国固守常山，楚国出兵武关，齐军渡过渤海，韩、魏协同作战；假如秦国攻打赵国，那么韩国出兵宜阳，楚国攻打武关，魏国驻扎河外，齐国渡过清河，燕国配合作战。（提出了问题，你得解决问题，要具体讲清如何合纵联盟，这样才能让人看到实实在在的好处和策略，而不是觉得你在吹牛、忽悠。如果你搭建了一个美丽的空中楼阁，可以欣赏，却不可以住宿，终有暴露的一天。所以，真正的口才不在嘴巴，而在头脑，你对他人的困境了若指掌，又对脱困的方法一清二楚。）

"如果诸侯国中有不遵守盟约的，其他五国则要共同讨伐它。（除了糖果，还得有大棒，谁不听话，就干谁。）如果六个国家铁板一块，精诚协作，秦国肯定不敢跑出函谷关，侵犯其他国家。那么，您的霸业不就轻而易举地成功了吗？"

苏秦软硬兼施，弄得赵王冷汗直冒，小心脏直跳，佩服地说道："哎呀，寡人还太年轻，又刚刚继位，没机会听到深谋远虑的策略。如今先生想出了能让大家活命、安定的方法，寡人愿意将国家托付给您。"除了口头表扬，还有满满诚意。赵王给了苏秦"豪车（马车）"一辆，黄金万两，白玉百块，绸缎千匹。小苏，拿上钱，去各国展现你真正的实力吧！说服他们一起结盟，咱将来一起干死秦国。

没多久，秦惠文王派大将攻打魏国，攻克雕阴，活捉了魏将龙贾，并打算挥师东进。苏秦看着黄灿灿的金子，心中一惊，要是秦军打到赵国，我好不容易过上的美好生活岂不就要泡汤了？唉，难道又要让我回去遭人嘲笑吗？不行，绝对不行！苏秦想到了老同学张仪，那家伙的嘴巴比我还厉害，要不让他说服秦国？可是，我亲自去请他，有点掉身价，而且效果也不好。于是，苏秦暗中派了个不相干的人悄悄地劝说张仪："如今你的老同学飞黄腾达，为何不去投奔他呢？"

张仪一想，这确实是一个门路。于是，他笑嘻嘻地跑到赵国求见苏秦，老同学，提拔提拔咱呗？

苏秦故意不理不睬，并且投来极为鄙视的眼神，什么玩意儿，你是啥身份，还有资格跟我套近乎？张仪气得大嘴巴直抖，心里想吼，捏拳头想揍。什么东西，想当年，你智商不如我，成绩不如我，你能，我为什么不能？你怂恿六国联合是吧？我劝秦国瓦解你的联盟，咱们骑驴看唱本，走着瞧！

望着张仪愤愤离去的背影，苏秦摸了摸胡须，笑了，有点意思了！他暗中派人资助张仪前去求见深受六国合纵联盟之苦的秦王。张仪凭借七寸不烂之舌，成了秦惠文王的座上宾。一次，听别人说起当年苏秦故意激怒并资助他的事情，张仪目瞪口呆，看着赵国的方向，心中久久不能平静。唉，没想到老苏的智商提高了！老同学，君王们拥有天下，咱俩暗中平分天下，你合纵，我连横。只要你还在赵国，我就不会攻打过去。我和你合力演一出"世纪双簧"。

连哄带捧，软硬兼施

果不其然，秦国很快退兵了。稳定了后方，苏秦接连拿下了韩国、魏国，来到了当时可以跟秦国平起平坐、经济发达的齐国。齐宣王乃是好大喜功之徒，面对这样的人，就要力捧，捧得他心花怒放，唯我独尊。

苏秦对齐宣王说道："齐国南有泰山，东有琅琊山，西有清河，北有渤海，正是拥有四面要塞的金城汤池之国。地方纵横两千余里，将士数以万计，军粮堆积如山。战车众多，装备精良，又有五国军队随时支援。军队集结像飞箭一般快速，战斗像闪电一般迅猛，撤退像风停雨止一样便捷。即便发生战争，敌军也从没有越过泰山、渡过清河、跨过渤海。首都临淄有七万户人家，平均每户有三名壮士，加起来有二十一万人，根本不用征调远方的士兵，光是临淄一城就可以组建百万大军。临淄人民富裕快乐，爱好广泛，大家都会吹竽、鼓瑟、击筑、弹琴、斗鸡、赛狗、踢球，可见这里人的生活多么讲究、多么快活啊！临淄的街道上车水马龙。百姓摩肩接踵，把衣襟连起来可成帷帐，把衣袖举起来可成幔幕，挥一把汗也可以形成滂沱大雨。家家生活富足，人人志气高昂。又有您这样贤明厉害的大王，天下诸侯谁敢和齐国对抗？可是，如今的齐国竟然甘愿作秦国的附庸小弟，我私下实在为大王感到羞愧。（捧得齐宣王心花怒放。抓住对方自负自大的心理，调动他的积极性，增强他的自信心，用整齐的句子渲染吹捧他真实存在的实力——天时、地利、人和。让自负的齐宣王感觉，原来齐国这么厉害，我又何必屈居人下？我这么厉害的一个人，凭什么要向别人低头呢？真掉价啊！苏秦的话激起了齐宣王的自尊和野心。）

　　"况且韩、魏之所以害怕秦国，是跟秦国搭界的缘故。秦国出兵攻打韩、魏，不到十天就可以决定他们的胜败存亡。假如韩、魏硬杠秦军，他们的军队必然损失惨重，四面的边境将无法防守。韩、魏一旦战败，接踵而来的就是灭亡，所以，他们不敢轻易挑战秦国，只好忍气吞声，委曲求全。（举出反面的例子，别人因为地理位置不好、国家实力不足而害怕秦国，你齐宣王多厉害，何必这样？继续增强对方的信心，你还犹豫什么呢？）

"现在秦国如果攻打齐国，情形就不同了。秦国的背后有韩、魏扯它的后腿，而秦军必然经过卫地阳晋的要道和亢父（地点）的险阻，在那里车马都不能并行，只要一百个人便能守住天险。（齐国不可战胜的地理原因。）秦国就算想发兵深入，也必须顾及后方，唯恐韩、魏趁机偷袭它，所以，秦王只是虚张声势地说要出兵齐国，实际上他犹疑不定，不敢进攻。（齐国不可战胜的外部原因。）如此明显您还看不出来吗？大王没有仔细判断、分析秦国不敢攻齐的真实想法，反倒想要投靠秦国当附庸，这就是齐国大臣们战略上的重大失误啊！（不是您的错，而是您下面人的错，切中齐宣王自负的心理，给他留足了面子。）现在齐国还没有向秦国低头称臣的恶名，依然具有强大的实力，但愿您能多加考虑！"（想要驱除别人内心深处的害怕与担忧，必须要增强他的自信，燃起他的斗志。别的国家无法抵抗秦国，是因为什么？齐国能抵抗秦国，是因为什么？没有一个有实力的人会低头向别人称臣，正值盛世的齐宣王更加不会。只不过他的信心不足，只要给他一点火，就能燃起他内心称霸的欲望。苏秦的讲话只有一个目的：让齐宣王看清自己多么强大。与其卑微地俯首称臣，不如率领其他国家一起抗击秦国，赢得天下人的崇拜。如此一来，齐宣王就会迫切地想要证明自己。）

齐宣王对苏秦竖起了大拇指，果然是个人才，听你的，咱一起抗秦！

拿下齐国之后，苏秦又马不停蹄地赶到楚国，游说楚威王，还是一个套路，先一顿猛夸，然后再一顿施压。他说道："楚国是个强大的国家，大王您也是个贤明的君主。楚国西有黔中、巫郡，东边有夏州、海阳，南有洞庭、苍梧，北有陉塞、郇阳，土地纵横五千多里，分分钟就能动员士兵百万、战车千辆、战马万匹。这难道不是建立霸业的资本吗？

"这样的实力，这样的大王，天下哪个国家比得上？可如今，您却向秦国低头臣服。秦国最大的忧患就是楚国，楚国强大，它就弱小；秦国强大，楚国就弱小。不是你死，就是我亡。因此，我劝大王不如合纵六国，孤立秦国。（您老人家这么厉害，为何甘心做秦王的小弟？这是在刺激别人的自尊心。）

"如果大王不愿合纵，秦国一定会分兵两路，一路出击武关，一路直下黔中，楚国鄢郢地区的形势就危险了。（战斗预演也是给对方施压的一种方式，用超强的大脑给别人推演一下，秦国具体会怎么打，让别人真真切切地看到了将来的危机。如果只是泛泛而谈，别人会认为你装腔作势、夸夸其谈。）

"我听说，在没发生动乱祸患之前，就该提前谋划。一旦大难来临，还来得及准备吗？希望大王您尽早做好打算。如果您能够听从建议，我就说服山东各国向您进献礼物，接受您的指令，听从您的指挥。到那时，您将会听到韩、魏、齐、燕、赵、卫等国动听的音乐，拥有各国美丽的女人，得到燕、代等地的骆驼和宝马。（从正面来说，你会得到什么：让你做带头大哥，各国的美女、宝马随你挑。用实实在在的诱惑激起别人内心强烈的欲望。）

"合纵如果成功了，您就能称王；连横如果成功了，秦王就会称帝。现在，您却要放弃称王的机会，而去向别人称臣，我真替大王感到不值啊！您看看秦国，好比虎狼一样，早就想吞掉其他国家了，它是咱们共同的敌人。您如果跟秦国站在一起，不就是割下自己的肉去奉养敌人吗？您的那些臣子在干啥？分割您的土地，他们当然不心疼；拿去讨好秦国，他们自然能得到好处。这是最大的不忠，还有比他们更坏的人吗？

"合纵成功，其他国家就能割地给楚国；连横成功，楚国就要割地给秦国。两者一比较，大王您要哪个结果呢？"（嘴巴厉害的人，虽然看似给你两条路，其实只给你一条道，跟我混，你就能吃香喝辣；不跟我混，你就会喝风吃沙。）

楚王的老心肝直跳，唉，老苏，你来得正是时候，这些日子，一想到秦国，我就失眠健忘腿抽筋，神经衰弱脑瓜疼。单挑，干不过它；群殴，又苦于没帮手。谢天谢地你来了！楚王说道："我愿意把国家托付给您，您说咋办就咋办！"

苏秦凭借一张嘴，针对不同的君王采用不同的劝说方式，软硬兼施，连哄带捧，竟然真的将六个国家撮合到了一起，成了合纵联盟的最高统帅，同时兼任六国宰相，要风得风，要雨得雨。路过家乡之时，父母赶到三十里远的地方去迎接他。妻子看到他，眼睛不敢正视他，侧着耳朵听他说话。之前豪横的嫂子跪在地上不敢站起来，屁股撅得老高，手瑟瑟发抖，像条肥胖的大蛇一样趴在地上扭来扭去，对他一再叩首请罪："之前我不给你做饭是我不对啊，我有眼无珠啊。"苏秦想笑又笑不出来，眼睛一闭，长叹一声："唉！一个人如果穷困落魄，连父母都不把他当儿子，然而一旦富贵显赫之后，亲戚朋友都这么敬畏！"

可是，临时拼凑起来的联盟犹如空中楼阁，说倒就倒。

被六国气势压制住的秦国也不会坐以待毙，你们要合纵，我就让你们散伙。秦王派出使者说服齐国和魏国，咱们一起攻打赵国，平分了它，如何？面对巨大的利益诱惑，齐王、魏王两眼放光，摩拳擦掌，势必要接住这"泼天的富贵"！

大军来袭，赵王生气，苏秦，你不是很牛吗？这是咋回事？

无论如何，也不会放过你的！

苏秦一头冷汗，嘿，我能说服六国联合抗秦十几年，已经很难了。但是，他又不能直说，眼下逃命要紧。于是，他对赵王信誓旦旦地说道："请让我出使燕国，我必定说动他们跟咱联合抗敌。"赵王答应了。苏秦赶紧开溜，三十六计，走为上策。他　离开赵国，合纵盟约也就名存实亡了。自带合纵长光环的苏秦来到了燕国。

此时，齐国发动突然袭击，夺取了燕国十座城池。刚刚继位的燕易王无奈地看着苏秦，既然你这么能说，去替我到齐国要回被夺走的土地呗？

来到别人地盘讨生活，总得有所表示，苏秦点点头，上路了。见到齐王，苏秦先张扬地行了祝贺之礼，然后，又故意行哀悼之礼，把齐王弄得蒙圈了，你又是笑又是哭，几个意思？苏秦答道："人即便再饿，也不会去吃毒草，吃得越多，死得越快。燕国和秦国乃是联姻之国，儿女亲家，现在您占领了燕国的城池，不就等于跟强大的秦国结下仇怨了吗？这和主动吃毒草的行为有什么区别呢？你们齐国将要大难临头了。"

齐王本来就是趁人之危，于情于理都说不过去，已经引起了众多国家的反感。人家燕国先王刚死，新王继位，你就打过去，有失大哥风范嘛！其实，风不风范的，倒是其次。吃相太难看，会得罪一帮强国。最终吃不了，还兜不走。

一身冷汗的齐王赶紧询问对策。

苏秦说："你不如归还刚得到的城池，这样燕王感激您，秦王也会高看您，天下人也会赞美您。齐国不就可以转祸为福了吗？"

很快，齐王便归还了燕国的土地。

苏秦立下了汗马功劳，但是，人红是非多，你刚来就立下奇功，燕国大臣们的心里是什么滋味？这不明摆着衬托出他们的无能吗？没说的，搞臭他的名声！很快，针对苏秦的流言蜚语满天飞，说他是个反复无常、出卖国家的小人。听信谗言的燕王不再给苏秦安排职务了，把他晾在一边，冷处理。

面对别人的毁谤，苏秦如何自救呢？

他对燕王说道："忠信的人一切为了自己，进取的人一切为了他人。那些离开家庭、在外宦游的人，不就是积极进取的人吗？如果像曾参一样孝顺，就不会离开父母在外过夜，又怎能让他到燕国侍奉您呢？如果像伯夷一样廉洁，就不会拿君王们的俸禄，又怎能让他独自一人到齐国取回十座城池呢？如果像尾生（春秋时期的一位男子，他与女子相约在桥梁上会面，但女子没有按时到达。当河水涨潮时，尾生坚决要等待女子，结果抱柱而死）一样诚信，就不会灵活处理问题，又怎能让他劝退齐国的军队呢？正是因为我尽心尽力地侍奉您，处处为您着想，才被那些小人诋毁侮辱的啊！"（苏秦举了大量历史上真实存在的例子，用反讽的手法，间接地突出了自己的能力，一根筋的人能独自去齐国劝说齐宣王吗？同时又摆出了自己的功劳，不费一兵一卒，帮你取回十座城池，难道还不够吗？我为燕国鞠躬尽瘁，只能得到这样的结果吗？）

冷静的燕王没有轻易被说服，反问道："你这是狡辩吧？你自己不忠诚可靠，不停地换主子，还说什么因为忠心而获罪？"

苏秦摇了摇头，光说道理是不行的，得举个独特生动的例子。他又说道："大王，有个人的妻子与别的男人私通，打算毒死自己的丈夫。家中的小妾得知情况之后，又不好直接报告给丈夫，那样只会被人反咬一口。但是，自己的丈夫又不能不救，如何是好呢？思来想去，她就假装摔倒，趁机打翻了丈夫将要喝下的毒酒。不明所以的丈夫却很生气，夫人给我准备了贵重的美酒，你却不小心弄翻了，该打！结果，忠心护夫的小妾被毒打了一顿。我现在的处境不就跟她一样吗？"

例子举得恰到好处，燕王一听就明白了，对啊，百姓生活中都处处充满了陷阱和流言，何况是复杂凶险的官场呢？没有小妾的暗中帮忙，男人将会失去生命、财产，还会被人嘲笑讽刺。立下功劳的人不重用，以后谁还会跟着我干呢？燕王又重新起用了苏秦。但是，智商始终在线的苏秦心里很清楚，破镜无法再圆，裂缝很难再补，趁机闪人才是王道。他向燕王建议：我去齐国做间谍，搞乱他们，消耗他们，为您报仇雪耻！

燕王很高兴，同意了，你去！

临走之前，君臣二人演了一出双簧大戏。苏秦假装得罪了燕王，逃到了齐国。曾经见识过苏秦本事与口才的齐宣王很高兴，老苏，留下来帮我吧！齐宣王去世以后，齐湣王继位。害怕苏秦再度受宠的齐国大臣坐不住了，干脆趁着新王继位，政局不稳，一不做，二不休，找杀手直接干掉苏秦，白刀子进，红刀子出，让他那张破嘴再也张不开。

受了重伤的苏秦奄奄一息，可是，凶手却没找到。他不甘心，这样会死不瞑目的啊！我得拉上凶手跟我共赴黄泉路，要么不做，要做就得做绝。苏秦明白，在巨大的利益诱惑面前，没几个人扛得住。他向齐湣王请求，以"帮助燕国在齐国从事反间活动"的名义将他五马分尸，并重金悬赏行刺他的人。

杀手一看，齐王都将苏秦大卸八块了，得有多恨他啊！我可以放宽心去领奖了。结果，他开开心心地来领赏，凄凄惨惨地把头掉。

苏秦到死也不忘好好利用自己绝世无双的嘴皮子。

劝说对方，好比参加一场顶级面试，你必须对天下大势、自身优缺点、公司历史与规划等方面有深入而独到的分析与理解，否则，很难打动对方。面对劝说的不同对象，也得采用不同的说服手段，对自负自大的人，你得以激励为主，以施加压力为辅；对懦弱胆小的人，你得以施加压力为主，以激励为辅。张仪就曾灵活运用各种技巧和手段，对同一个人进行了反复激励与强势施压，收到了意想不到的效果。

特别会说话的小技巧

1. 使用排比、夸张等修辞方式，可以渲染预知后果的场景，增强说理的气势。

2. 根据不同的对象，灵活使用比喻、正反、类比、反复、举例等多种论证方式，时而引用历史典故，时而讲述寓言传说，时而引入格言警句。

3. 平时对国际形势、未来趋势、政治走向、环境变化等各个方面，都要有深入的见解和独特的分析。

张仪

——只动嘴皮，不动手指，又能把我怎么样？

玩的就是心跳

战国时期，各个国家打来打去，今天是敌人，明天可能就是朋友，大家急需灵活的外交人才去为国家争取利益和盟友。

外交人才最重要的素质是什么？

会说乃是必备绝技。一张嘴，便能翻云覆雨。

怎么学习"会说"绝技呢？

跟那个神秘的人物——鬼谷子学！《史记·苏秦列传》明确记载："苏秦者，东周雒阳人也。东事师于齐，而习之于鬼谷先生。"《史记·张仪列传》："张仪者，魏人也。始尝与苏秦俱事鬼谷先生学术。苏秦自以不及张仪。"

因为他的学生们（孙膑、庞涓、苏秦、张仪、商鞅等）太过耀眼，所以他自己也被人传成了神仙。虽然有些夸张，但有一点可以肯定，鬼谷子绝对精通百家学问，深通人性善恶，上知天文下知地理，是一部行走的"百科全书"。他结合所学知识，创立了一门战国时期最实用的学科——纵横术。合纵就是其他国家联合起来反抗秦国，因为六国主要国家处于秦国的东方，在地图上南北连成一条纵线，故称合纵。连横则相反，在地图上东西连成一条横线，主要是秦国拉拢实力相当或者较弱的国家欺负其他国家。

无论合纵，还是连横，都要找到同盟军。怎么找呢？劝说别人跟自己一块儿干。所以，你就必须派出口才高手去各个国家劝说。需求刺激了市场，很多年轻人纷纷学习热门专业——纵横之术。

当初，张仪跟苏秦是同班同学，跟随鬼谷子学习"口才绝技"，苏秦觉得自己成绩不如张仪。两人学成下山以后，苏秦说服各个国家建立合纵联盟，共同对付秦国。张仪在苏秦的暗中怂恿下去了秦国，被秦惠文王拜为客卿。

身处异国他乡，拿着别人给的高薪和奖金，单纯的吹牛没用，你得有真本事。嘴巴一张，便知真假。

张仪很快说服魏国乖乖地向秦国送地皮、献城池。秦惠文王一看，老张的嘴巴太厉害了，唾沫星子一飞，不用费时费力地打仗，就能轻轻松松拿下土地。很快，他任命张仪为国相，位居官位排行榜第一名，党政军、外交一把抓，除了大王就是他。

张仪的嘴巴到底有多厉害呢？他能反复让一个人上当，还不被打。

秦惠文王想发兵攻打齐国，但当时齐、楚两国已经形成了合纵联盟。怎么办？瓦解它！张仪，这个光荣的任务交给你了。

最强大国家的"二把手"来了。楚怀王激动不已，亲自迎接，为张仪量身定制吃穿用行一条龙服务，然后恭敬地说道："您到我们这种偏僻的国家来，有什么要指教的呢？"

楚怀王曾经也有过积极奋发的青葱岁月，一度任用屈原变法图强。只可惜，他的魄力和决心都不够，因为遭到国内贵族们的强烈反对而停止了改革。楚国逐渐没落，楚王日益沉沦，只能小心翼翼地给秦国赔笑脸。

张仪早就弄清了对方贪心胆小而又刚愎自用的性格，上来就说道："你如果跟齐国断绝关系，我就让秦王送你商於一带六百里的土地和秦国貌美如花的女子。从此以后，我们两国永远结为好兄弟，怎么样？"

秦国跟我称兄道弟，还给地皮、送美女，楚怀王激动得直抖嘴巴，这买卖，太划算了！成交！他一口就答应了。王公贵族以及大臣们纷纷前来祝贺，大王英明啊！啧啧，您的魅力四射，秦国都主动跑来献城池了，牛！

策士陈轸冷眼旁观，天下哪有掉馅饼的好事？张仪那张嘴巴别人不清楚，我还不清楚吗？他劝说楚怀王不要上当。但是，楚怀王拉下脸来，我不费吹灰之力就得到秦国六百里地，大家都来祝贺，只有你一人聪明？你想干吗？耍个性吗？头脑发热的楚怀王立刻派人前往齐国，黑着脸跟齐王说："兄弟，咱们恩断义绝了，大哥也没办法啊！秦国给的'回扣'太多了。"然后，楚怀王又笑眯眯地送了张仪很多礼物，派了一位将军跟着他去秦国拿地皮。

张仪回到秦国，开始上演"假摔达人秀"，故意从马车上结结实实地跌到地上，"疼"得哇哇乱叫，一连三个月没上朝。等啊等，等得心里发了毛。楚怀王急坏了，老张这是什么意思？嫌我们跟齐国断交得不够彻底吗？好，你等着，我会用实际行动证明，我跟你们秦国一条心。

头脑发热的楚怀王居然又派人前往齐国，公开辱骂齐宣王："我就是看不上你，不想跟你做朋友，你别老缠着我了！"齐宣王气得想一头撞死他。从此以后，你走你的阳关道，我过我的独木桥，老死不相往来。

这一次，楚怀王信心满满地派使者前往秦国："张大人，咱跟齐国彻底断交了，你们六百里土地该给我了吧？"

张仪又充分发挥了影帝级别的演技，淡淡地说道："嗯，好的，没问题！这里有秦王赐给我的六里封地，就把它送给你们楚王吧！"开发房产，也足够盖一个豪华小区了。

"什么，六里？"

"对，就是六里，要不要？不要的话，我拿走了！"

欺骗，赤裸裸地欺骗！

楚怀王发怒了，我要发兵，攻打秦国，干死张仪。结果，准备不充分的楚军大败。秦、齐两国结成联盟，反过来夺取了楚国的丹阳、汉中等地。楚怀王又不得不割让城池表示诚意："我承认，我输了，您二位别再打我了！"

好处没捞到，还得罪盟友，失去土地！楚怀王气疯了，他派人告诉秦惠文王："只要交出张仪，我愿意献出黔中地区。"

黔中乃肥美之地。秦惠文王心动了，这个可以有！但他不好开口，现在把老张推出去，岂不是卸磨杀驴？是不是有点不够意思啊？

张仪却站出来，淡定地要求主动前往楚国："好事啊，我去会会可爱的楚怀王！"

秦惠文王也是个戏精，假装担忧地说道："楚王肯定要报复你，此去凶多吉少啊！还是不去了吧？"

张仪立刻作慷慨激昂状，以我小小的张仪换回一大片黔中土地，乃是我人生的终极理想！

国相，什么都不说了，都在这杯送别酒里了！秦惠文王感动得眼泪都快掉下来了，紧紧地握住张仪的手。"风萧萧兮易水寒，壮士一去兮不复还！"我才没那么高尚，也没那么愚蠢，此番前去，自有必胜的把握。风萧萧是真的，去而不复还是假的。

小样儿，把你拿捏得死死的

张仪一到楚国地界，楚怀王就迫不及待地把他抓起来，立马要砍死他。张仪嘴角一扬，向人群中的楚国大臣靳尚点头暗示：小子，该你上场了！早就被张仪重金收买的靳尚前往楚怀王最宠爱的女人——郑袖那里，按照张仪事先给的剧本开始表演，故作惊讶地对郑袖说："您可晓得，您很快就会被大王抛弃了吗？"

郑袖着急地问道："啊？为什么？"

"张仪是秦王身边的红人，秦王肯定会不惜一切代价救他出去。他不仅会给楚国土地，还要献上绝世美女。秦国送来的女人，大王必定不敢怠慢，何况还是百年一遇的美人？到那时，还有您什么事吗？"

对当时后宫的女人来说，还有什么比失宠更令她担忧的呢？还有什么比其他美人的威胁更能震慑她呢？张仪早就把郑袖的心思与性格摸得一清二楚了：嫉妒自私，心狠手辣。

郑袖的汗从额头冒出来，怎么办？

"您不如替张仪求情，让大王把他放走。他必定对您感恩戴德，不仅会送您贵重礼品，还能挡回秦国美人。"靳尚燃起了郑袖的嫉妒之火，又勾起了她的贪心之欲。

对，对，事不宜迟，立刻就办！

郑袖当晚就吹了一阵超强枕头风："大王啊，张仪作为臣子，为秦国效力，也很正常嘛！现在您答应给秦国的土地还没交出去，秦王就把张仪送来了，秦王对您的尊重可是达到极点了哦！若您没献出黔中之地，就冒然杀了张仪。秦王会干吗？他必定雷霆震怒，出兵攻打楚国。到时我可怎么办啊？还不被秦国那些土匪式的兵给抢了去侮辱啊？我不干，我不干！"（楚怀王的自负源于他内心深处的自卑，这样的人给点阳光就灿烂，给点真相就摆烂。）

郑袖柔弱无力的声音、挂满泪水的眼睛、散发清香的秀发，让楚怀王那个心疼啊！秦国如果真的打来，我哪里扛得住啊？哦，小美人，别哭了，我放了张仪就是！

郑袖破涕为笑，大王，您对我才是真爱！

被释放的张仪并没有马上离开楚国，他要继续挑战楚怀王这个"人间极品"的智商底线。

他对楚怀王说道："您还是不要把黔中之地献出去了（楚怀王根本就没这个打算）。您可以请求秦王派个儿子来楚国做人质，您也派儿子去秦国做人质，再娶秦国贵族的女人做妃子。两个国家永远做兄弟，别打来打去啦！好吗？"

哦！这个主意好呢！不用送地皮，又能跟强国成为兄弟，好事，好事！成本就是一个张仪，何乐而不为？这次生意我赚了啊！楚怀王准备放了张仪。这时有大臣劝道："您已经被骗过一次了，不杀他就算了，还听他忽悠？"

楚怀王根本听不进去，他的胆小懦弱、贪财好色、目光短浅、刚愎自用的毛病早就被张仪拿捏得死死的。他好比一个赌徒，输了的时候，还想把输掉的赢回来，而且他相信，凭自己的智商和运气，总会有大赢一把的时候，总不会一直输吧？万一赢了，我不就赚回来了吗？

楚怀王的身边从来不缺人才，缺的是他发现人才的眼光与任用人才的气魄。当他身旁围着的都是小人的时候，谁会给他提醒呢？他只能在赌博的邪路上越走越"嗨"，越走越远！

张仪马不停蹄地去了韩国，他先给韩宣惠王一个下马威："韩国地理位置不佳，您如果不尽快归附秦国，秦王就会发兵占据宜阳，截断韩国的上党地区，再东取成皋、荥阳，那么鸿台之宫、桑林之苑就不再属于大王了。（用实际可能存在的战争来提醒韩王，如果在这样的情形下，你能扛得住吗？还能住着舒适的宫殿、享受美好的生活吗？当然，张仪之所以能说服韩王，还在于他背后秦国强大的实力。）要是阻塞了成皋，截断了上党，那大王的国土就要被分割了。早归附秦国早受益，不归附秦国就危险。如果您不听劝告，抛弃秦国而顺从楚国，想要国家不亡，那是不可能的！所以我替大王考虑，您不如为秦国效劳。秦王最大的希望是削弱楚国，而最能削弱楚国的就是韩国。不是因为你们比楚国强大，而是由你们韩国的地势所决定的。现在您如果归顺秦国，攻打楚国，不仅能扩大领土、转移祸患，还能取悦秦国，您觉得这样不好吗？"（给你两个选择，不跟我们好，打你没商量；跟我们好，咱们一起喝酒吃肉，瓜分楚国。）

韩国当时领土小、实力弱，韩宣惠王只能听从。张仪一转头，又把楚怀王坑了。

　　张仪大摇大摆地回到秦国汇报工作。此番前往楚国，不仅没死，还破坏了楚、韩的联盟，人才啊！秦惠文王赐给了张仪五座城邑，并封他为武信君。而大将白起带领秦军多次征战沙场，好不容易才得到"君"的称号。

　　既然你的嘴巴如此厉害，那就替我去瓦解合纵联盟，秦惠文王命令张仪出使各个国家。嘴巴封神的武信君根据不同的君王采取了不同的说服方式。首先，他来到了齐国，先捧后吓地劝说齐湣王："现如今，哪个国家的实力能超过齐国呢？国家经济发达，百姓富足安乐。然而，却有人根本不顾国家的长远和未来，而替您谋划合纵的事。如今，秦、楚两国互通婚姻，结成兄弟。韩国献出宜阳，魏国送上河外，纷纷抢着结交秦国。假如您不跟秦国结盟，会怎么样呢？秦国就会驱使韩国、魏国进攻齐国的南方，命令赵国的军队全部出动，渡过清河，直指博关、临淄，到那时，齐国就危险了。等到国家被攻破，您即便想要跟秦王结盟，人家也不会理您了。"（先夸对方，你本来就实力满满，干吗跟那些小国一起玩合纵？强者当然要跟强者一起混了。满足了对方的虚荣心之后，又开始分析他的险境，你那些表面上的朋友都暗地里跟秦国结盟了，你还被蒙在鼓里呢！）

齐湣王果然被镇住了，谦卑地说道："咱齐国地处偏远，人才匮乏，没有机会听到如此深远的谋略，惭愧，惭愧！"的确如此，强强联合，只会更强！

看人下菜碟，咱俩谁跟谁

拿下齐国之后，张仪又去了赵国，游说赵武灵王："如今，秦国与齐国、韩国、魏国约定，准备一起进攻赵国。我因为敬佩您的为人，不敢隐瞒真实的情况，所以跑来提前告诉您。您不如与秦王在渑池会晤，好好坐下来谈谈，双方达成口头协议，说服秦国不要来攻打赵国。怎么样？希望您尽快拿定主意！"（赵武灵王乃是推行"胡服骑射"的硬汉，此时的赵国实力强劲，单纯地跟他讲利害关系是不行的。你得感动他：我是来帮您的。告诉他可以通过平等的协商解决危机，而不是献出城池。）

赵武灵王答应了，协商可以有！张仪又向燕国出发了，他用燕、赵两国的长期矛盾与积怨来说服燕昭王：

"燕、赵地理上乃是邻居，可是，赵国值得信任吗？赵王性格残暴，六亲不认，您难道看不出来吗？赵国曾经两次围困你们的都城，逼着您割让十座城池向他求和。如今，赵国已经交好秦国。若是大王您不跟秦国结盟，赵国就会怂恿、帮助秦国攻打燕国，到那时，您将会失去什么呢？"（燕昭王乃是一代雄主，不会轻易被策士煽动。张仪就用曾经客观存在的险境与耻辱来挑动他的神经，看看吧，你的邻居对你做的好事，与其相信赵国，不如相信秦国。）

燕昭王沉默片刻，也同意与秦国连横。

张仪不负重托，信心满满地回秦国报告战果。可是，还没走到咸阳，他"背后的男人"——秦惠文王去世了，一直不喜欢他的秦武王继位。领导的态度变了，风向也就变了，那些嫉妒、痛恨张仪的人纷纷落井下石，说张仪的坏话：如此不守信用、厚颜无耻之人，岂能得到重用？难道咱大秦没人了吗？

其他国家的君王听到消息，主导连横的人都快倒了，咱还继续跟着秦国混吗？各国又暗地里恢复了合纵联盟。

张仪本人就是制造谣言的高手，自然明白小人的威力，继续待在秦国，迟早会被杀掉，如今之计，走为上策！如何才能让秦王高高兴兴地叫我滚呢？

张仪又耍起了嘴皮子，对秦武王说道："只有让其他国家乱起来，大王您才能得到更多的好处与土地。如今，齐王特别憎恨欺骗过他的我，只要我在哪个国家，他就会发动大军前去讨伐。所以，我请求您让我去魏国。当齐、魏两国交战而分身乏术的时候，您就趁机攻打韩国，进入三川之地，直取周王朝的都城。到那时，大王可以得到周天子的祭器、财物以及天下的地图、户籍，然后挟持他以令天下，您的帝王之业不就成了吗？"（张仪将自己的出走绑定在了秦国未来的利益上，站在为对方考虑的角度上实现其个人目的。然后，又利用秦武王好战鲁莽的性格缺陷来鼓动他拿下周天子。秦武王激动不已，老张还不错哦！临走之时，秦武王还送他"分手大礼"。）

秦武王马上准备了三十辆豪车，大张旗鼓、开开心心地送走了老张。最后，张仪又凭三寸不烂之舌说服齐国退兵，在魏国过完了一生。

无论是蔡泽、范雎、苏秦，还是蒯通、张仪等人，他们的口才技巧总结起来有八个字：知，选，拉，捧，得，吓，缩，引。

知，知己知彼，方能百战不殆。事先一定要全方位、多角度地了解各方的情况，他们的弱点、处境以及内心的担忧；选，知己知彼之后，选对劝说的对象、时间和地点很重要，把握时机，抛出话题，事半功倍；拉，可以通过拉家常、说故事、讲笑话、作类比等方式，拉近彼此的距离，赢得对方初步的信任;捧,找出对方确确实实存在的(切忌虚构)优点、优势,然后采用急促整齐的句子给对方一顿猛夸,让他感觉到自己的厉害,从而放松戒备;得,如果听从我的建议,将会得到什么样的好处,尽量详细具体地列出不同方面的利益所得,让对方觉得你不是来说服他的,而是带给他幸福和实惠的;吓,夸大对方形势上的危机,渲染他所处的困境,一旦决策失误,必将万劫不复;缩,缩小对方选择的范围,只有正反两个方面的选择;引,引出对方的想法,激发他的斗志,让他自己开口说出想要的结果。

在具体劝说的时候,可以根据实际情况对这八个字的顺序和数量进行灵活地排列或删减,好比兵法上的排兵布阵,需要根据地势、人数、时间等情况及时调整,否则就会被兵法所累。这八个字都是口才的技巧,犹如战争中出其不意的招数,但是,能打赢战争的永远不是招数和套路,而是综合实力。在绝对的实力面前,这些技巧便成了雕虫小技。兵法的最高境界乃是:不战而屈人之兵。儒家的最高境界则是:仁者无敌于天下。口才的最高境界是:此时无声胜有声。

任何口才技巧都是建立在自身的实力之上的。当你成为世人仰望的高山时,你说的话才有可能成为大家的座右铭,你就不需要过多的技巧,也不需要过多的解释。

特别会说话的小技巧

1. 找准对方实际存在的优点与缺点，夸赞与施压并用，让对方时而兴奋，时而警惕，从而让你说的话更有分量。

2. 看到对方的弱点，在对方的破绽中找出可以进攻的点，夸大他形势上的危机，渲染他所处的困境。

第五章

无敌，原来并不寂寞

纵横捭阖的口才背后，是雄厚的实力与渊博的学识。

口才是玉质，真诚是气质，实力才是本质。魏徵之所以敢犯言直谏，那是因为他自己学识渊博、品行端正；郭子仪之所以能单骑闯敌营，那是因为他战无不胜、名声在外；宰相王旦虽然寡言少语，却每句话都成为经典，令众人敬佩，皇帝点赞，因为他真正做到了宰相肚里能撑船，无招胜有招。想要嘴巴滔滔不绝，必须得有"撒手锏"。

魏徵

——不要以为我只会犯言直谏，咱还能口若悬河

我的真心，赤裸裸！

大唐王朝在太宗皇帝的带领下，走上了高速发展的道路，经济繁荣，社会稳定，四海称颂。唐太宗渐渐地迷失了自我，他开始放飞自我，修建宫殿，巡游四方，在痛骂隋炀帝的同时，又羡慕他在玩乐方面的创意无极限。而皇帝的爱好往往成为天下流行时尚的风向标，上有所好，下必甚焉！达官贵人们也纷纷修起了大豪宅。皇帝在飞，大臣在飘，百姓在哀号。

冷静的魏徵看出了潜在的危机，生于忧患，死于安乐。国家好不容易从隋末战争阴影中走出来，隋炀帝放纵欲望，身死族灭，你们难道都忘了吗？

臣子最大的忠诚不是说好话、唱赞歌，而是要公正坦率地指出帝王所犯的错误，想出解决问题的办法。经过长期的深思熟虑，魏徵将自己对历史与时事的看法、对太宗的规劝与建议写成了四篇特殊的"公文"——奏疏。这是古代臣子向皇帝陈述意见或说明的一种方式，可以用来报告工作、歌功颂德、议论时政、弹劾劝诫等。

其中第二道奏疏的文字精练、内容深刻，被唐太宗放在案头，奉为座右铭，后世的人给这篇奏疏取了个好听的名字——《谏太宗十思疏》。里面劝皇帝要做好十件事：控制爱好，懂得知足常乐；停止滥建，考虑百姓生活；谦虚谨慎，加强自我约束；放低姿态，切忌骄傲自满；减少打猎，不可杀生过多；坚持不懈，做事有始有终；敞开言路，采纳臣下意见；远离奸人，修炼自身品德；赏赐他人，讲究公平公正；动用刑罚，遵守法律条文。

严格要求自己，适当宽容别人！条条在理，句句有声。

唐太宗不愧是千古一帝，想起最近的确飘得有点高，万一浮在高空下不来了，该咋办？他读完奏疏，亲自写了回信——《答魏徵手诏》：你的建议很好，朕一定采纳推行！

看到皇帝胸怀宽广，虚心纳谏，魏徵非常欣慰，又写了一道奏疏——《十渐不克终疏》，直接指出太宗皇帝执政过程中逐渐显现的十个缺点：迷恋财物；滥用民力；追求享受；用人不当；忽略民意；荒于政事；奴役百姓；亲小人，远忠臣；喜欢珍宝，贪图玩乐；热衷游戏，酷爱打猎。

够辣，够真，够酸爽！

当大家替魏徵捏了一把冷汗的时候，唐太宗却笑了，我要的就是这个味儿！

你的批评我接受，你的建议我施行！

魏徵到底是何许人也，为什么会有这么大的胆量呢？为什么能够得到唐太宗的如此信任呢？

他出身豪门望族，但父亲死得早，加上隋末动乱，家族逐渐衰落，他沦落成了"基层打工仔"。渐渐地，他感觉到大隋王朝没前途了，便想找个地方冷静地旁观天下，思考未来的发展。哪里最清净？道观！魏徵干脆出家当了道士。在深入分析天下形势之后，他认为起义一触即发，翻身的机会终将来临。于是，他拼命学习纵横之术，这个学科在战争时代最适合草根文人，成本低：一张嘴、一条舌头；收益高：游说得好，就能翻身做主人，伴随君王边。

果不其然，再也无法忍受隋朝暴政的百姓造反，各地英雄豪杰纷纷响应。魏徵立即还俗，加入瓦岗，在首领李密的手下担任文学参军。他频繁献策，却不被采纳。起义军不停地上演着大鱼吃小鱼的游戏，李渊成了最后的赢家，建立了大唐王朝。

太子李建成听说了魏徵的名声，邀请他担任太子洗马，辅佐自己处理工作。遇到伯乐的魏徵尽心尽力，鞠躬尽瘁。当他看到秦王李世民战功显赫，名气渐长，立即劝说李建成：您身为未来大唐帝国的继承人，不能只顾看着别人吃肉，也得自己找肉吃。如果不尽快建立巨大功劳，打造嫡系部队，将来您拿什么服众？又拿什么震慑弟弟李世民？

有道理，有道理！

李建成立即向父皇请求征讨刘黑闼，很快平定了山东，树立了威信。但是为时已晚，秦王李世民在长期领兵打仗的过程中，已经拥有了属于自己的铁杆团队。他们提前谋划，以迅雷不及掩耳之势发动玄武门之变，杀死了太子李建成与齐王李元吉。

听说魏徵以前经常劝谏李建成干掉自己，李世民气不打一处来，派人将他绑了过来，大声训斥道："你为什么要离间我兄弟？"

时候，辩解等于火上浇油，乞求让人嗤之以鼻。魏徵回答干脆："太子要是按照我说的去做，早点防备，果断动手，的会是他吗？"（笑话！我是太子的助手，当然要帮助他扫除一切安全隐患了！再说，我不离间，您老人家就不会杀掉李建成了吗？）

我魏徵行不改名，坐不改姓，做了就做了，怎么样？要杀要剐，随你便！

不错，直来直往，见识非凡！有个性，我喜欢！

李世民感觉魏徵很对自己的脾气，立即下令松绑，亲自劝说，让他安心在新朝任职，做一些有利于国家和百姓的事情。看着大度宽容而又励精图治的唐太宗，魏徵打心底佩服。他不是趋炎附势的小人，不是风吹两面倒的软蛋，他有一腔报国的热情和激情四射的青春，现在去死，又有什么意义呢？

他决定跟着李世民，共创太平盛世。

魏徵将自己对国家、政策的各种想法都毫不隐瞒地说出来，绝不会说一半留一半。唐太宗经常感叹，魏徵一年到头不断地提出意见与解决方案，如果不是忠诚于朕，忠诚于国家，怎么可能如此鞠躬尽瘁呢？谁不想活得轻松一些？谁不害怕得罪人？

唐太宗一开始只把魏徵当作收揽人心的工具，敌人的属下我都愿意重用，何况是其他的人呢？后来，他发现魏徵的确有两把刷子：一双善于发现问题的眼睛，一个善于解决困难的头脑，最重要的是，从来不藏着掖着，他的忠心，赤裸裸！

魏徵多次当面向李世民提出意见，又通过奏疏等方式，提出了十万多字的意见。

频繁批评皇帝，还能优哉游哉，备受信任，除了忠心耿耿，他还有什么"撒手锏"呢？

一针下去，就是鲜血喷涌

首先，本领出众，见解独到。魏徵对各朝历史得失了如指掌，总编过《周书》《梁书》《陈书》《北齐书》与《隋书》，学识丰富、视野广阔。所以，他每次提出的意见都能切中要害，一针见血。如果提的建议毫无水平，你的口无遮拦就会变成沽名钓誉。

贞观二年（628），岭南部落首领冯盎、谈殿等人忙于内斗，很长时间都没有到长安进贡朝拜。地方政府的官员为了规避责任，接连上奏说冯盎将要谋反。不是我们没管好，而是某人想造反。

李世民准备派人前去讨伐，魏徵却劝阻道："现在中原刚刚平定，国家还没有从隋末战乱中恢复元气。岭南路途遥远、地势险恶，又有瘴气瘟疫，不利于大部队开进驻扎。况且，冯盎如果真要反叛，必然会兵分几路，占据险要之地，攻打邻近的州县。现在地方官员告发他谋反已经有几年了，却不见他扩大地盘，攻打其他地区，明显不是反叛嘛！

"地方州府怀疑冯盎谋反，成了公开的秘密，冯盎自己肯定也清楚。您一直又没有派使臣前去安抚慰问，冯盎肯定左右为难。来朝廷吧，怕您杀他！不来吧，又怕您怀疑！这个时候，您如果能派出使臣前去安慰一下，他定会欣喜万分，感恩戴德！这样我们就不必兴师动众了。"

身经百战的唐太宗自然清楚战争是不能随便发动的，战斗一起，国库如洗！他点点头，有道理！立即下令收兵，派遣使臣前往岭南慰问。冯盎看到了希望，很快便归顺了大唐。李世民对魏徵竖起大拇指，一个使者就平定了岭南，一个魏徵胜过大军十万。

贞观四年（630），高昌王准备入京朝见大唐天子。西域各国坐不住了，你们去给大唐皇帝送礼，我们也不能不去啊！纷纷要求派使者前来进贡。李世民很开心，大家对我的热情似火，看来我魅力非凡嘛！我一定让你高高兴兴地来，开开心心地回。

经过深思熟虑的魏徵却提出了不同的意见："如今，大唐还未从战乱的创伤中恢复过来，百姓的生活也没得到很大的改善。以前，高昌王入京朝拜的时候，过往的州县都得为他们一行人提供衣食住行，耗费巨大。如果再加上西域各国使臣队伍，沿途的地方官员和百姓将会苦不堪言，压力山大。若是答应十国使者入京进贡，各州县又如何供应上千人队伍的衣食住行呢？而且，这么多人一起出行，万一发生什么突发事件，又如何应对？不如让这些使者以商人的身份前来大唐，一边行走，一边做买卖，边关等地的百姓也会因此受益。汉朝建武二十二年（46），天下早已安定，西域诸国曾请求派送他们的皇子进京，汉光武帝却不允许，就是不想为了此事而损害地方与百姓的利益。"（魏徵的劝说既有理论，又有史实，完全站在国家利益的角度上考虑问题。如果你让他们来，会对我们造成什么损害：耗费巨大；增加负担；生出变故……然后举出历史上明君的例子，以前东汉光武帝在天下安定之后，都懒得接待这些人，何况现在大唐才刚刚安定。）

唐太宗听了，觉得很有道理，他们大张旗鼓地来给我进贡，我还得给他们提供巨额招待费，这是赔本的买卖，咱不干！他们要是组成商队，自己赚钱吃饭，一路旅游观光，互惠互利，咱热烈欢迎！

魏徵每次建议与批评都经过深入的思考与详细的调查，并非沽名钓誉。所以，唐太宗经常夸赞他，以前我认为你这个人固执己见，怀疑你无法处理好政务，现在看到你议论国家大事，都能切中要害，不错，不错！

其次，品行端正，一心为公。李世民发动玄武门之变，杀死自己的两位亲兄弟，成功登上帝位。为了稳定人心，他下诏追赠李建成、李元吉的王爵及谥号，重新安葬二人。面对曾经的主子，已经归顺李世民的魏徵并未刻意避嫌，而是请求亲自护送李建成的灵车前往下葬之地。不久，唐太宗提拔魏徵担任谏议大夫，命他安抚李建成、李元吉在河北地区的旧部下，并特批他遇到突发事件可以自行处理。你想怎么做，就怎么做，你办事，朕放心！这是何等的信任！

当魏徵看到太子李建成的属下李志安、齐王李元吉的属下李思行被押入囚车，心里不是滋味，难道失败的人都要受牵连吗？岂不让太宗皇帝仁慈宽容的形象大打折扣？

于是，他直接下令释放两人，并立即上报朝廷。

李世民竖起了大拇指，魏徵并不是一个风吹两面倒的人，知恩图报，一心为公，值得信赖！

自己无懈可击，才能雷霆出击。

再次，口才出众，能说会道。魏徵因为直言不讳而得罪了很多权贵。有人开始诽谤造谣他包庇亲戚，营私舞弊。唐太宗马上派御史大夫温彦博去调查，查来查去，并没有找到实质性的证据，但也没找到可以证明他尽忠职守的资料。

温彦博不甘心，向皇帝上奏道："魏徵作为一个臣子，应该公开自己的行为，留下工作的痕迹。现在他受到诽谤却无法证明自己清白，受到造谣却无法提供证据资料。虽然没有徇私，也应该受到责备。"

李世民想想，有道理啊！魏徵平时总是一副大义凛然的样子，遇到自己家的事情，却不懂得留下可以证明无罪的痕迹与资料。于是，他让温彦博前去责备魏徵，传达指示："从今以后，工作要留痕，行为要公开！"

我跟亲戚走得近一些，难道也有错吗？一心扑在工作上，还要留下资料证明自己在干事？如果换作普通的人，只能吃下哑巴亏，可魏徵不是普通人。

第二天一上朝，他就上奏道："臣听说君臣一心，如同一个整体。放下国家大事不去做，整天追求形式主义，做任何事情都要留痕。如果大家都这么做的话，国家还能长治久安吗？做什么事情都得留痕，还有时间考虑国家的未来发展吗？"

好家伙，你真会说。唐太宗意识到了事情的严重性，立刻赔笑脸道："你说得对，我已经后悔追查这件事了。"

魏徵抓住机会，扑通一声跪在地下，说道："希望陛下让臣做良臣，不要让臣做忠臣。"

嘿，又给朕打谜语，什么意思呢？

"良臣跟忠臣有什么区别吗？"

"稷、契、咎陶（皋陶）就是良臣，龙逢、比干就是忠臣。良臣不仅打出自己美好的名声，还树立君王大度的形象，让子子孙孙获得世代继承的福利。忠臣呢？为了国家大事，拼死劝诫，导致被杀，让君王陷于愚昧无知、残暴不仁的境地，让子孙也得不到任何实实在在的好处，最终只留下一个忠臣的空名！"（熟知历史的魏徵举了很多人物的事例，对良臣与忠臣提出了自己独特而深刻的看法。良臣不仅把工作干好了，还让君王获得美名；忠臣有时不仅工作没干好，还让君王得到骂名。我虽然有点小毛病，但不正给您造就了美好的名声嘛！您觉得是让我做良臣好还是忠臣好呢？虽然看起来是多选题，实际上是单选题。）

唐太宗不住地点头，嗯，嗯！说得好！立即赏赐了魏徵。

当面对别人诬陷的时候，高超的口才技巧能帮自己轻松化解危险。

背靠大树好乘凉

要想让别人愿意听你说话，最重要的是你自己要牛！让对方感觉不听你的，会损害与他自己相关的利益。魏徵除了自己拥有足够多的"撒手锏"，他眼前的大树与身后的背景也比较靠谱。

他经常不顾皇帝的面子，有什么说什么。管你高兴不高兴，我依旧啪啪说个不停，弄得李世民都有点怕他。有一次，李世民得到一只稀缺的漂亮小鸟——鹞鹰，开心地放在臂膀上玩耍。突然，远远地望到魏徵走过来，嘿，这家伙，不是请假回去祭扫祖坟了吗？怎么回来得这么快？好不容易消停两天，又要开始听他上"思想品德课"了。不好，他要是看到鹞鹰，又得说我玩物丧志了。唐太宗赶紧将鹞鹰藏在怀里。

魏徵缓缓地走过来，假装没有看到鹞鹰，对着皇帝侃侃而谈："陛下，我刚进来的时候，听说您要去南山游玩，最后又下令不去了，为什么呢？"

还不是为了让你这个家伙少啰唆几句！

难不成今天老魏会表扬我？唐太宗笑着说道："刚开始是有这个打算，害怕你又跑来怪朕，所以就下令停止，不去游玩了。"

嗯，嗯！

魏徵又开始东拉西扯。生怕露馅的唐太宗只能紧紧地按住怀中的鹞鹰，心里不高兴，嘴上不好说。搞什么，还不走？

直到魏徵说完话，走远了，李世民才从怀里掏出鹞鹰。一看，心爱的小鸟已经被活活闷死了。他无奈地摇摇头，嘿，我当年面对千军万马，眼睛都不带眨的，为什么如此怕魏徵呢？

如果不是胸怀宽广而从谏如流的帝王，又怎能做到如此克制？魏徵又怎能直面批评？

一开始，唐太宗拉拢魏徵，也并非仅仅出于敬佩和惜才，至少还有以下两个原因：

一是唐朝初年，门阀士族的势力依旧强大，这些家族在地方拥有土地和财富，在中央拥有官职和权力。尤其是山东士族（华山、崤山以东广大范围内的士族），他们更是门阀中的顶级"奢侈品"，以陇西李氏、赵郡李氏、太原王氏、范阳卢氏、清河崔氏、博陵崔氏、荥阳郑氏为代表。他们一声吼，大唐也得抖三抖。出身陇西李氏的大唐皇帝也非常担忧其他的士族集团势力，而魏徵则出身于典型的山东士族。

他的曾祖父、祖父、父亲，在正史中都有记载（上下五千年，能留下名字的人本就很少，何况是留有传记的），只是因为隋末农民起义的冲击和魏徵父亲的早死，魏家才开始衰落，但他们在山东士族中的关系网依然是很牢固的。魏徵的老婆就出身于名门望族河东裴氏，他的子女、亲戚也都与山东士族通婚或往来。

后来，魏徵在瓦岗军中，又结交了李密、徐世勣、秦叔宝、程咬金等新兴势力集团的典型代表，所以，他成了"黑白通吃"的关键性人物。唐太宗想要找人来调节旧有士族与皇族的矛盾，拉拢新兴势力进入自己的阵营，思来想去，魏徵最合适，他要品质有品质，要才能有才能，要关系有关系。

二是魏徵乃前太子李建成最重要的心腹。玄武门之变之后，东宫势力虽然被冲散到各地，但威胁还是巨大的。当时的大唐王朝刚刚建立不久，北面有突厥盛气凌人，东面有高句丽蠢蠢欲动，万一前太子党的势力和外族联合起来，会给处于危机中的新王朝带来致命的打击。

因此，唐太宗不得不重视魏徵的各种建议。他要给旧有的门阀士族和新兴的势力集团一个良好印象：你们的建议，我都会认真听取，酌情考虑，所以，你们也要安安心心地接受我的领导。

唐太宗经过长期的励精图治，解除了内忧外患，削弱了士族集团，魏徵的利用价值也就降低了。后来，又出现太子李承乾的谋反大案，侯君集等人被处死，杜正伦被贬谪，而侯、杜二人正是魏徵极力推荐过的。

李世民的心里发毛，魏徵是不是早就跟他们有一腿了？一波未平一波又起，李世民又接到密报：魏徵曾经常拿着自己上奏劝诫皇帝的文章跟史官们炫耀。

李世民很生气，这是干什么？显摆你的能力？张扬你的德行？没有老子的宽容大度，你以为你真的能直言不讳？一怒之下，太宗皇帝下令取消了公主与魏徵儿子的婚约，并命人直接推倒了魏徵的墓碑。死了，也不放过你！

至此，魏徵因为利用价值的降低而被冷冻尘封了。但是，牛人不会被忘记。晚年的唐太宗为了开疆拓土，亲征高句丽。尽管取得了小胜利，却拖累了国家的经济和百姓的生活。此刻，李世民又想起了魏徵的才华与建议，感叹道："唉，如果魏徵还在，他肯定会有办法劝阻我攻打高句丽！"失去了才懂得珍惜。唐太宗又命人重新立起了魏徵的墓碑，厚赏了他的家人。

自己牛才是真的牛。无论风云如何变幻，我自岿然不动，屹立不倒。即便面对百万大军，真正有实力的人也可以单刀赴会，轻松应对，于三言两语之间，化解一场大战。

特别会说话的小技巧

1. 路遥知马力，日久见人心。刚正不阿，忠诚可靠，才能赢得对方的信任与尊重。

2. 学识渊博，视野广阔，才能一针见血，切中要害。

3. 发现问题、提出批评只是迈出了第一步，善于解决问题才是高手。

郭子仪

——一张嘴，一匹马，化解一场大战

单骑闯敌营

安史之乱搅动了大唐的天下，也搅乱了大将和帝王的心。很多将领拥兵自重，咱们有钱有人，干吗听皇帝的？大唐皇帝疑神疑鬼，这些将军心怀各异，我到底能够相信谁？皇帝不再信任那些手握兵权的将领，转而重用身边听话的宦官。可是，貌似乖巧听话的人往往更加阴险毒辣，朝廷被一帮没有素质的宦官和小人弄得乌烟瘴气。

在平定安史之乱中立下赫赫战功的郭子仪驻扎在河中郡。他曾经的手下大将仆固怀恩（复姓仆固，字怀恩，铁勒族人）忍受不了皇帝的猜忌与冷落，把心一横，老子为大唐流血牺牲，却换来个寂寞沙洲冷，反了！于是，他联合吐蕃、回纥、吐谷浑、党项等少数民族首领，集结了几十万大军，从西北进犯长安。

望着黑压压的叛军，唐代宗慌了，咋办呢？数风流人物，唯有老郭！他身经百战，赤胆忠心。可咱之前做得有点过分，他会答应吗？在国家利益面前，郭子仪挺身而出，收复叛贼，义不容辞！很快，他便奉旨迎敌。无奈"囊中羞涩"，手上兵马不多，刚到泾阳，就被数倍于己的敌军团团包围。

郭子仪亲自率领两千骑兵为开路先锋，与叛军展开厮杀。战场上，银发飘飘的他格外亮眼，一会儿左砍，一会儿右劈，犹如太上老君下凡，自带仙气。敌军将士一头雾水，哪里来的老头？他咋这么厉害？一把年纪了，还能砍人不带喘气的，难道吃了什么灵丹妙药？

"他是谁？从哪里来？"回纥军首领向着对面的唐军发出了"灵魂拷问"。

"此乃郭子仪，郭令公！"唐军中有人自豪地答道。

"郭子仪？"听到这个神一般的名字，回纥军首领呆住了，仆固怀恩不是对我们说郭令公已经战死沙场了吗？如果他还活着，咱们岂是他的对手？停止进攻，待我一问究竟。

"我们听仆固怀恩说，你们大唐皇帝丢了江山，郭令公也去世了，中原无主，所以，我们才跟着他过来了。刚才听你们说，郭令公还活着，那么，大唐皇帝还在吗？"

"我皇万岁无疆！"唐军齐声喊道。

"啊？难道是仆固怀恩欺骗了我？"回纥首领仰天长叹，将信将疑，"听说郭令公已经去世，我才带兵前来的。现在你们说他还在，能让我亲眼见见他吗？"万一唐军诈我咋办？当年诸葛亮去世以后，还弄了个木头人吓退了敌人呢！

听了属下们的报告，郭子仪准备立刻前去见见回纥首领。将士们纷纷劝阻："那些野蛮人哪值得相信？您千万不能去啊！"大家的担心不无道理，万一对方看到郭子仪，一箭射来，大唐的顶梁柱可就坍塌了。郭子仪并非不知道只身前往的危险，但危机就是转机，见面也是诚意。他淡定地说道："现在，敌人比我们多了几十倍。继续交战，咱们肯定损失惨重。如果我能亲自前往劝说，也许能避免一场恶战。"

将领们还是不放心，要不您带上五百精兵，以防不测？郭子仪摆摆手："这样反而会害了我！"以诚心才能换诚心，而且郭子仪并不傻，很多敌军将士曾是他的部下。回纥兵在平定安史之乱的时候，曾经跟郭子仪并肩战斗，大家早就在多次战斗中结成了深厚的友情。谁不会给"大唐战神"几分面子？

很快，回纥阵营前，出现了一个老人，一匹战马，几个随从，不带兵器，缓缓前行。只见他气定神闲，优雅地摘下头盔，托在手上，面带微笑，拱手示意，对着回纥首领说道："你好吗？还记得当年咱们一起平定叛贼的岁月、一起喝酒吃肉庆贺胜利的场景吗？为什么今天却在这里拔刀相向呢？"

果然是郭令公，哎呀，我真是糊涂啊！回纥首领定睛一看，立即丢掉兵器，跳下战马便拜。回纥将士们见状，也纷纷跪地磕头。

偶像的力量是巨大的。

当初，共同平定安史之乱后，郭子仪和回纥酋长结拜为兄弟，眼前这位回纥首领还只是小字辈，但"郭子仪"三个字早就深深刻在了他的心里。嘿，还打啥子仗嘛！谢天谢地，超级偶像来了，平时咱们请都请不来，摆酒，上肉，不醉不归！回纥首领恭恭敬敬地邀请郭子仪到军营做客，大大小小的回纥将士们也纷纷前来仰望偶像的真容。众人尽情地喝酒吃肉，赏舞唱歌，几天以来剑拔弩张的气氛瞬间消散了。

郭子仪乘着酒兴，让随从拿出了自己带来的锦罗绸缎，然后又送上超级实惠的"大礼包"："吐蕃本来和大唐关系也很亲密，我们也并没有对不起他们的地方，而如今，他们却派兵攻打大唐，真是不顾及双方的感情和脸面了。现在，你们如果突袭他们，出其不意，攻其无备，打他个措手不及，易如反掌。吐蕃拥有的牛羊马匹数不胜数，绵延百里。这是上天赐给你们的机会啊！你们千里迢迢而来，如果空手而归，着实有些可惜。要是咱能一起进攻吐蕃人，你们肯定会得到大量的牛羊马匹，也不算白来一趟嘛！"（姜还是老的辣，面对无法用情说动的吐蕃，直接开干。面对回纥首领，也得亲兄弟明算账，咱们联合出击，好处给你们，保证你们高高兴兴地去，大包小包地回。跟着我，绝对有肉吃！感情和理想可以谈，好处和利益也不能丢，不然谁替你去打仗？郭子仪先用拉家常的方式稳住对方，然后再给出巨大的实惠。）

回纥首领一听，小心脏激动得直跳，眼前仿佛出现了一大片草原，天苍苍，野茫茫，风吹草低见牛羊，我要把你们统统牵回家！跟着战无不胜的郭令公，还怕打不过吐蕃？没说的，一个字——干！

双方约定，第二天就出发。在灵武地区，联合打败了吐蕃的十万大军，俘虏了一万多人，缴获无数牛羊马匹。回纥将士们的脸上都绽开了灿烂的笑容，原本差点缺胳膊少腿，现在却唱着歌啃羊腿。咱以后要永远跟着郭子仪，不离不弃！

郭子仪软硬兼施，各个击破，顺利地平定了叛乱，也因此得到了皇帝的赏赐和信任。

为什么回纥人对郭子仪如此敬佩呢？因为郭子仪早就将自己"打造"成了大唐的"金字招牌"。

他凭什么能？

首先，他功勋卓著，名震天下。长安二年（702），为了打破军事干部的世袭制，给士兵提供公平竞争的舞台，女皇武则天创立了武举制度。考试由兵部主持，考试的内容为长垛（远距离射击）、马射（骑马射箭）、步射（站立射箭）、筒射（"半自动化"射箭，类似于用弩射击）、马枪、翘关（举起城门后的滑动插销，即门闩，古时候开关城门很需要力气）、负重（负重跑步）、身材（外貌、体格和气质）。到了唐玄宗开元时期，郭子仪在武举考试中获得"武举异等"，也就是实际意义上的"武状元（唐朝还没有这个称呼）"。从个人武术功底来看，郭子仪乃妥妥的"武林高手"。他从左卫长上的低级岗位干起，凭借自己的努力和实力，一步步升为桂州都督府长史、安西副都护、北庭副都护、左武卫大将军等。安史之乱爆发后，郭子仪被任命为朔方节度使，率军勤王，收复河北、河东，拜兵部尚书、同中书门下平章事。收复两京之后，又加封司徒、代国公，成为中书令。宝应元年（762），平定河中兵变，进封汾阳郡王。无数次大小战斗的实践，让郭子仪成了名扬天下、战无不胜的"军神"，天下人的绝对"偶像"。

其次，信守承诺，重情重义。天宝十四年（755）冬，安禄山率兵叛乱，两京沦陷，唐玄宗狼狈逃亡。郭子仪临危受命，参与平定叛乱的战斗。唐朝的军队大多由府兵组成，这些士兵平时务农，战时从军，战斗力很一般。考虑到正规军的实力有限，郭子仪建议朝廷引入回纥兵前来协助平乱，"郭子仪以回纥兵精，劝上益征其兵以击贼"。回纥人在唐朝初年的时候，就曾帮助唐太宗消灭东突厥、薛延陀，与唐王朝始终保持着不错的关系。听到大唐召唤，回纥葛勒可汗立即派儿子叶护率领精兵前来，与郭子仪合兵一处。在多次激烈的战斗中，双方结成了深厚的友情。叛乱平定之后，唐肃宗夸奖回纥人："功济艰难，义存邦国，万里绝域，一德同心，求之古今，所未闻也。"

而郭子仪对回纥人也一直肝胆相照。到了唐代宗时期，回纥人请求卖给唐朝一万匹马，以换取"外汇"，改善生活。但是，此时的唐朝也没有"余粮"，国库空虚，财力不足，只准备购进一千匹马。郭子仪听了之后，立即上书，回纥人曾为朝廷出生入死，现在正是我们回报他们的时候，而且，国内也需要马匹。我可以上交一年的工资奖金，出钱买马。唐代宗虽然没有同意，但是，郭子仪也因此得到众人尤其是回纥人的敬佩。

再次，宽以待人，严于律己。在唐玄宗时期，郭子仪和李光弼担任节度使安思顺的部将，两人之间矛盾很深，虽然经常同桌吃饭，但是互相看不顺眼，从来不讲话。适逢安禄山叛乱，郭子仪接替安思顺的位置，升任节度使，成了李光弼的顶头上司。这可如何是好？三十六计，走为上策。偏偏这个时候，朝廷让他们率兵出征。这下走不掉了，李光弼只能硬着头皮对郭子仪说道："过去得罪您，是我不好。无论您如何处置，我都毫无怨言。请求您高抬贵手，放过我的妻儿！"郭子仪赶紧走下堂来，搂着李光弼说道："老兄，现在国家到了最危急的时刻，皇上都避难去了，咱还计较什么个人恩怨啊！再说，没有足智多谋的你协助，我怎么能够打胜仗呢？"李光弼热泪盈眶，紧紧地握着郭子仪的手，一切尽在不言中，我会用战斗业绩来回报您的恩德。

郭子仪绝不姑息纵容身边的人犯错，他妻子的奶妈在郭家服务很多年，不是亲人，胜似亲人。可是，奶妈的儿子触犯了禁令，被都虞候（在军中负责执法的武官）乱棍打死。郭子仪的几个儿子不干了，奶妈的儿子跟他们情同手足，怎能坐视不管呢？一行人跑去向父亲哭诉，指责都虞候太过骄横，打狗也得看主人吧？郭子仪勃然大怒，斥退儿子，这些家伙真是目光短浅，意气用事。然后，他对幕僚们叹息道："我这几个儿子以后都是当奴才的料，他们不称赞我的都虞候刚正不阿，反而纵容奶妈的儿子犯法。能有什么出息呢？"

即便对自己的嫡系亲人，他也绝不惯着。儿子郭暧娶了皇帝的女儿——升平公主，有一天，夫妻俩因为小事吵架。郭暧一冲动，直接骂道："你以为你是谁？你老爸当个皇帝就很牛吗？我爸只是不稀罕当皇帝而已！"小样儿，我爸爸分分钟灭了你爸爸。升平公主也火了，好啊，你竟然大逆不道。等着，我跟我爸说去！唐代宗听了女儿的"小报告"，只是笑笑："小郭说得没错，他父亲要想当皇帝，天下早就不是咱们的了。"公主一时竟无语凝噎，老爸说得也对，公公手握天下兵马大权，要想推翻李唐，取而代之，绝非难事。唉，该低头还得低啊！

郭子仪得知两人的矛盾后，怒火冲天，老子谨慎一世，难道要毁在儿子手里不成？得让那小子长长记性。他将郭暧关押起来，自己则去向皇帝请罪。唐代宗摆摆手，嘿，咱们也难断家务事，小夫妻俩吵架说气话，很正常！帝王可以随意，但臣子不能当真。郭子仪回到家中，立即下令将郭暧杖打数十，屁股开花。

在那个节度使都可以无视皇帝的年代，名望、地位如日中天的郭子仪却始终保持着清醒的头脑，明确自己的位置，实属难得。他用绝对的实力和出众的品质，为自己赢得了天下人的尊重和敬佩。

田承嗣曾参与过安禄山的叛乱，归降朝廷之后被封为魏博节度使，但他依旧一身反骨，根本不把皇帝和朝廷放在眼里。当郭子仪派遣使者到魏州的时候，田承嗣却立即跪拜，并对使者说道："我这膝盖很久没给人下跪了，今天必须得拜一拜郭令公。"占据汴州的李灵曜不是土匪，胜似土匪。只要经过汴州的公私财物，一律扣押，据为己有。然而，当郭子仪的财物粮草经过他的辖区之时，李灵曜非但不敢扣留，还恭恭敬敬地派人前去护送，自愿充当郭子仪的"运输大队长"。

一个地位崇高、众人敬仰、品行高尚的"战神"，曾跟你一起共唱过"友情岁月"，对你始终不离不弃，一诺千金。当他不顾生命危险出现在你面前的时候，谁能不感动呢？谁会不拜服呢？

当一个人自身实力强悍到没有对手之时，他说的每一句话都会产生掷地有声的效果。运用口才技巧的最高境界乃是此时无声胜有声，此处无招胜有招。北宋著名宰相王旦便修炼到了这样的境界。

特别会说话的小技巧

1. 在基层摸爬滚打，经历各种艰难困苦，有了实实在在的成绩，才能令人发自内心地佩服与敬仰。
2. 严于律己，宽以待人，做出的承诺务必要想尽办法兑现。
3. 有胆有识，关键时刻要敢于挺身而出，展现自己的勇气与智谋。

王旦

——无招胜有招

一艘大船在心中

他出生于凌晨时分，故取名为旦。可惜，长得歪鼻子歪脸，相貌有点对不起观众。既然硬件不行，那就升级软件系统。他将所有的时间都用来学习和思考，显得有些沉默寡言。功夫不负有心人，他年纪轻轻便考中了进士，从基层踏踏实实地做起，一步步地成为朝廷大员。

虽然身居高位，依旧很少说话。但是，等到众人辩论得面红耳赤、唾沫横飞之时，他则缓缓地站出来，一句话定乾坤，整个世界瞬间安静了。大臣佩服，皇帝满意。掌权十八载，为相十二年，身处权力的旋涡，面对奸臣的围攻，却始终稳如泰山，受人爱戴。死后的谥号更是古往今来文人与大臣求之不得的"文正"，宋仁宗还亲自题写碑文，称他为"全德元老"。

他如何做到说一句顶一万句的呢？

因为他的肚子里撑得下一艘船，让众人心悦诚服。

王旦与寇准同朝为官。寇准个性十足，能力出众，但嘴巴特别厉害，经常在宋真宗面前说王旦的缺点，说他不太行！而王旦呢？每次都在皇帝面前称赞寇准的优点，说老寇不错的！

宋真宗看着王旦，这家伙是真傻，还是真牛？待我试试他。宋真宗故意问道："你总是说寇准这个好，那个好，可寇准专门找你的缺点和问题跟朕讲，你不生气吗？"

只见王旦微微一笑，从容作答："这也很正常啊！我做宰相这么多年，每天处理数不清的事情，难免会有失误跟疏忽。寇准能够毫不隐瞒地跟您说出来，证明他忠诚于您啊！"（当对手说你坏话的时候，你假装不知情，说他的好话，会令他无地自容，知难而退。寥寥几句，既说明自己忙于工作，无暇猜忌，又说明人无完人，抬高对手，彻底征服了宋真宗。）

也许有人认为，王旦只是沽名钓誉，想在皇帝面前表演自己的宽容大度，但接下来的几件事情证明了他的确是一个表里如一且非常了不起的人。

当时，王旦掌管的中书省送了一份诏书到枢密院（宋朝最高军事机构），结果，文件的格式出现了错误。掌管枢密院的寇准仿佛抓到了狐狸的小尾巴，兴奋得嘴唇直抖，你王旦不是很严谨吗？不是会装吗？这次跑不掉了吧？他第一时间将问题报告给了皇帝。

宋真宗大怒，最高行政机关竟然出现如此低级的错误，怎么有资格统领天下官员呢？很快，中书省的人从上到下被问责。罚了工资，挨了批评，大家愤愤不平，不报此仇，誓不为人。没承想，风水轮流转。有一天，枢密院送资料到中书省，格式也出现了问题。大家兴奋异常，摩拳擦掌，报复，我们要疯狂地报复，看你们枢密院的人如何应对？得知情况的王旦却不以为然，咱们是为国效力，怎能相互攻击、耽误国事？他做出了一个惊人的决定：将错误的资料原封不动地送回枢密院，你们及时修改，弄好之后交过来，我们再呈给皇上。

寇准惊呆了，好险！万一这次的问题被皇帝知晓，我肯定会给他留下害人害己的不良印象。他惭愧地感叹道："我俩同一年考中进士，为何差距这么大呢？老王怎会有如此的度量？"

后来，寇准被调往外地任职。在一次过生日的时候，大摆宴席，奢华铺张，排场一度超越了皇帝，被仇家打了小报告。宋真宗非常生气地对一旁的王旦说道："寇准这是要干什么，想要超过朕吗？他眼里还有没有朕这个皇帝了？"如果这个时候，王旦趁机煽风点火，寇准不死也得脱层皮。

王旦不仅没有落井下石，还替寇准说起了好话："以臣对寇准的了解，他在大事上比较贤能，在生活上有些不拘小节。人嘛，谁会没有缺点呢？"宋真宗一听，也是那么回事，有大才者，往往也有大缺点。只要工作认真、忠诚可靠就行。宋真宗没有追究寇准的失误。

面对寇准的一再冒犯，王旦不仅没有怪罪，还在因病退位之时，极力推荐寇准担任下一任宰相，用实力诠释了为官做人的最高境界。

王旦做事，极少掺杂个人情感，既愿意对他人说好，也敢于对他人说不。宋真宗成为皇帝之后，身边聚集了一帮善于逢迎的人，鼓动他搞迷信活动，其中王钦若、丁谓、林特、陈彭年、刘承珪五人最过分，投机取巧，攻击贤臣，挑拨离间，被时人称为"五鬼"。宋真宗想提拔阴险狡诈、善于逢迎的王钦若为宰相，王旦坚决不同意；他认为寇准只是有点小毛病，无伤大雅；王钦若乃是人品不正，一旦得势，必将祸国殃民。可他又不能直接这么说，那样会给皇帝留下打击异己、压制他人的印象，劝说的效果就会大打折扣。

王旦找了个很好的切入点，宋太祖赵匡胤曾经定下了个不成文的规定：不用江南人担任宰相（王钦若是江西人）。老祖宗的制度，岂能不遵守？宋真宗最终听从了王旦的意见。

后来，同在枢密院工作的王钦若与陈尧叟、马知节等人因为意见不合吵起架来。王旦怒斥王钦若，朝堂之上，成何体统，还不退下？几个人无视宰相的劝诫，依然喋喋不休。宋真宗也火了，这帮人将朝堂当成菜市场了吗？把自己定位成骂街的泼妇了吗？不给他们点颜色瞧瞧，就不知道天高地厚。宋真宗立即命人给他们定罪，从严处置，不得姑息。

王旦没有说话，吵架虽然不得体，也不至于定罪坐牢嘛！有什么法律依据呢？先等皇帝的火气消一消。第二天，宋真宗亲自过问处理结果。王旦说道："王钦若等人的确该骂，不知应该定什么罪呢？"怒火未消的宋真宗说："因愤恨争执无礼。"

唉，骂街的事时有发生，也没听说谁被判刑了啊？大臣们为了工作而争论，也是必要的嘛！王旦劝道："陛下拥有四海，管理天下，如果用争执无礼来定罪，事情传出去，其他国家的人会怎么看呢？"不能因为吵架或批评，就随意定大臣们的罪。别人会认为你这个皇帝意气用事，奖惩不明，执法混乱（始终站在维护皇帝的角度上）。宋真宗沉默片刻，认可了王旦的话，还是你想得周到，那咋办呢？

王旦说道："我回去把他们召集过来，宣布陛下宽容处理的意见，加以训斥，下不为例。等过一阵子，再罢免他们的职务。"既彰显了皇帝的宽容，又从轻处理了三人。既没有借机陷害王钦若，又对他进行了适当的惩罚。公平公正，毫无私心。宋真宗很满意，王钦若无话说。

高手善于在三言两语之中彰显人性的光辉，让对方瞬间招架不住。

人称"九尾野狐"的翰林学士陈彭年因为想拍王旦的马屁没拍着，"由爱生恨"，伺机报复。看到王旦批阅大臣们奏章的时候，有些没有拿给皇帝过目，就直接下发到各个部门了。陈彭年联合王曾、张知白等大臣，对王旦提出批评，你这是擅权，是独断！王旦只是表达了歉意，并未解释什么。

嘿，这家伙还挺淡定，看我不弄死你！

一天，在朝堂议事之后，几个人等王旦走了，特意留下来。陈彭年兴冲冲地议论起了王旦的"违规"操作。宋真宗瞟了瞟几个人，普通大臣与老王的段位的确不一样啊！他解释道："王旦在朕左右多年，从没有半点私心。自从泰山封禅之后，朕曾私下授权他可以直接处理一些事情，不必上报。你们啊，以后得好好地尊重他！"牛人不用自己说话，而是由重量级人物替他说话。几个人羞愧难当，偷鸡不成蚀把米，搬起石头砸了自己的脚。得知消息的王旦风轻云淡地说道："作为宰相的我，也需要大家的监督嘛！"无敌于天下者，还在意他人恶意的评价和诋毁吗？

王旦为人宽容大度，和颜悦色，却并非好好先生，没有原则。在大是大非、不良现象面前，他也敢于直言一声吼。

一双火眼辨忠奸

有一次，天下发生了严重的蝗灾，有个爱拍马屁的大臣把死掉的蝗虫放在袖子里，故意在朝堂上拿出来，说道："在吾皇英明的统治下，各地的蝗虫都死掉了。咱们应该办个盛会，庆贺庆贺。"

众大臣为了哄皇帝开心，纷纷点头称是。

王旦火了，这是骗三岁小孩吗？蝗虫哪有那么容易消除？他立即劝说宋真宗，先不要急着办盛会，派人将实际情况调查清楚再说。几天之后，蝗虫大军遮蔽了京城的天空，感觉黑云压城城欲摧的宋真宗抹着头上的冷汗说道："王爱卿，还是你说得对！如果咱们之前举办了庆贺盛会，朕岂不成了天下人的笑柄？"

身为治国理政的宰相，光有宽容大度的胸怀、刚正不阿的品质还不够，必须得拥有一双识人用人的火眼金睛。这样才能赢得人才、官员和皇帝的认可和敬重。

王旦经常跟一些不太知名的人交谈，征询他们的意见，了解各地的得失，从而掌握不同的人对时事政治的看法。每次在选人用人之前，必定会仔细收集对方的材料，倾听对方，多方位、立体式考察他人的长处、缺点，以便将不同的人安排到最合适的岗位上。

北宋真宗时期，守卫西部边疆的秦州知州曹玮因为升职要调动到其他地方。宋真宗为难了，曹玮乃是一名出色的将领，治军严谨，威震边陲，谁能接替他呢？身为宰相的王旦大力推荐了礼部郎中李及，却遭到了众多大臣的反对。李及忠厚谨慎，品行正直，做做文字工作绝对能够胜任，守卫边疆重地，怎么行？秘书监韩亿将大家的议论如实上报，王旦却没有辩解。好不好，用了才知道。

李及到了秦州之后，边将、官员都不太看得上他，朝廷没人了吗？咋派个书呆子过来？给咱讲解四书五经？拿着文章上战场？心里不服，行为也跟着放肆起来。有个士兵大白天公然在街上抢劫妇女的金钗，违反了军纪。正在看书的李及得知消息之后，淡淡地一挥手，拉出去砍了！然后，继续若无其事地阅读。众将士吓得直流冷汗，来了一个狠角色，杀起人来眼睛不眨，从容淡定，咱们以后别惹他！事情传到京城，韩亿惊叹于宰相的知人之明，嘿，先前是我误会您了。

王旦却说道："士兵公然抢劫，本该处死，有什么值得表扬呢？我用李及，不是因为他杀伐果断。曹玮治理秦州多年，总结推行了一套行之有效的措施和制度，百姓敬佩，蛮夷害怕。如果派自以为是的人前去，必然会为了显示自己的能干聪明而乱改制度，破坏稳定。我推荐李及，是因为他忠厚稳重，一定会遵守曹玮定下来的规矩。"韩亿彻底服了，还是宰相的眼界高，看得远。边关跟内地不一样，只需安安稳稳即可。曹玮在秦州修筑城寨、疏浚堑壕、屯田练兵、交好蛮夷。因此，边关固若金汤，百姓安居乐业。只要派去的人不轻浮冒进，一切照旧，对朝廷和百姓来说，便是万幸。

对于小人奸臣，王旦看得更是清清楚楚。他曾经与杨亿点评人物，评到丁谓，直截了当地说道："此人有才能，治道就未必。将来他若身居高位，让有德行的人辅助他，也许可以终身保平安。如果他将来独揽大权，必定会被自身牵累。"后来丁谓的人生果然如王旦所说的那样。

寇准当上宰相之后，有一天，他和丁谓在一起吃饭，一不小心，胡须上粘上点饭粒和汤汁。丁谓看到了，赶紧起身跑过去，亲自为寇准擦拭，手指从胡须上溜（滑行）下来，他一边堆起笑容，一边夸奖寇准的胡子："宰相大人，您这胡子这么漂亮，千万别弄脏了。"

寇准半开玩笑地说道："难道天底下还有这种溜须的宰相吗？"你一个副宰相，给上司溜须，像什么话？这样的人还能干实事吗？这个说法很快传到了民间，人们都称丁谓是"溜须宰相"，后来溜须和拍马放在了一起，就有了"溜须拍马"这个词，比喻讨好奉承。

也许寇准只是无心的一句话，可在丁谓看来，这是寇准给脸不要脸，从此以后，丁谓就暗中跟寇准杠上了。他勾结太监，千方百计地查找寇准的失误，最终将寇准赶出朝廷，贬到雷州（今属广东），并趁机将朝中与寇准关系好的大臣全部清除出去。

在王旦的光辉形象面前，丁谓就是个跳梁小丑。

身为宰相，王旦平时话语不多，却冷静地观察着一切可用之人，秘密地记录考察对象的姓名与特长，既不到处声张，也不私下施恩。等到皇帝需要选拔人才的时候，王旦就呈上名单，由皇帝自由选用。其他大臣推荐的人，宋真宗不一定都用，可王旦推荐的人，他肯定全部重用。因为他明白，王旦从不拉帮结派，任用私人。被选中的人都感激皇帝的恩德，却不知道这是宰相的力荐。直到王旦死了以后，史官们在编修《真宗实录》的时候，看到了很多"绝密文件（奏章）"，才恍然大悟。原来老王暗中帮助了这么多人，却将功劳归于皇上。唉，人家早已成神，你我依旧在凡尘。

然而，"大神"也不是横空出世的，而是从日常生活中修炼出来的。

为了练出不随意发怒、发言的功夫，王旦从小事做起。家人见他从不生气，就想试探他的底线，故意不小心将粉墨撒到了肉羹汤里。王旦见了，并未责怪，人嘛，总有不小心的时候，我要是责问起来，后厨们的"工资"可就没了。家人见他不喝汤，故意追问为什么。王旦只是淡淡地说："肉吃多了未必好，偶尔也换换口味嘛！"嘿，咱还不信这个邪，老头子脾气真的这么好？过了几天，家人又将粉墨混进了白米饭里。王旦依旧淡定地说："我今天不想吃干硬的饭了，你们弄点粥来喝吧！"

　　大伙儿彻底服了，老头子的确是个狠人，严于律己，不怒自威！

　　不该告诉亲人的机密，王旦绝对闭口不谈。当年，辽军入侵，宋真宗听从寇准的建议，御驾亲征澶州，王旦随行。正值战斗激烈之时，担任东京（北宋都城开封）留守的雍王赵元份（宋太宗第四子）身患重病，宋真宗担忧雍王难以掌控京城局势。万一后院起火，眼前的战斗还如何继续？得找个可靠的人前去镇守大后方。王旦临危受命，秘密回去接任东京留守之职。他清楚，此行必须低调，万一有人知道他从前线归来，必定流言蜚语满天飞，是不是前线不行了？是不是咱们输了？如此一来，野心勃勃的人就会趁火打劫，危害百姓。所以，王旦一到京城，不跟任何人接触，直接进入宫殿，禁止走漏消息。等到宋真宗得胜归来，王家子弟跟随大臣们到郊外迎接，忽然看到王旦从宫中而来，才缓过神来，原来他早就回京城了，却没通知任何家人。

　　除了适时闭嘴，王旦还洁身自好，让别人无懈可击。他很少在吃穿玩乐上花费时间与精力，衣服能穿就行，钱财够用即可。朝中大臣有了钱之后，都纷纷买地买房，建造豪华别墅，既能自我享受，又可以造福子孙。而王旦却不这么做，说道："子孙们要自行其力，凭本事吃饭，留下田产豪宅，只会让他们陷入争夺财产的不义之战中，并非好事。"
王家的房子简陋得连宋真宗都看不下去了，要不朕出钱，给
你装修一下？

直接拒绝，会折了皇帝的面子，王旦以祖传的老房为借
口辞谢了。这是我祖先留下来的房子，保持原样，乃是尽孝
道嘛！向来以孝治天下的皇帝听了之后，还能说什么呢？

只有自己行得正，坐得直，说话才有分量。

最牛的口才绝不是夸夸其谈、滔滔不绝，而是不张嘴则
已，一张嘴，便掷地有声。话不在多，嘴不在大，真正的高
手善于无招胜有招。

为何王旦没有寇准的名气大呢？

演义小说《杨家将》塑造了一个正义凛然又聪明过人的
寇准形象，故事在民间流传较广，加上寇准的个性鲜明，总
有茶余饭后的谈资。民间评书、演义里容易将好人塑造得特
别完美，这样才能树立一个离百姓生活较远的、没有普通人
身上缺点的完美人物，大家才会崇拜。一传十，十传百，渐
渐地，寇准被传成了神。当辽兵大举入侵的时候，朝中大臣
都主张皇帝去别的地方躲避，寇准却力排众议，大义凛然，
说服皇帝御驾亲征，最终赢得了胜利，订立"澶渊之盟"。
一直被外族欺负的宋王朝，偶尔雄起了一回，宋朝的文人们

还不得大书特书，把寇准捧为救世主啊？有了文人的吹捧与百姓的传唱，寇准的名气也越来越大。

奔涌的黄河固然壮观，浩瀚的大海更加苍茫。王旦为官几十年，做好了一个宰相最该做的事情：宽容大度，严于律己，刚正不阿，知人善任。

说话很少，却句句经典；性格低调，却人人称颂。

特别会说话的小技巧

1. 当别人说你坏话的时候，你可以反过来说他的好话，让他无地自容，让周围的人对你肃然起敬。

2. 秉公办事，毫无私心，始终维护领导正确的立场。

3. 明察秋毫，慧眼识珠，将不同的人安排到合适的岗位上，让他们发挥各自的特长，打心底佩服你的能力，自然就愿意听你的劝告。

4. 洁身自好，放平心态，用淡定从容的态度应对一切困难。

参考资料

1. 急脚大师：《古文，其实可以笑着读（全二册）》，济南出版社2023年版。

2. 缪文远、缪伟、罗永莲译注：《战国策（全二册）》，中华书局2012年版。

3. 中华书局编辑部：《名家精译古文观止》，中华书局1993年版。

4.〔汉〕司马迁撰，陈曦等译：《史记（全五册）》，中华书局2019年版。

5. 陈涛译注：《晏子春秋译注》，天津古籍出版社1996年版。

6.〔汉〕班固撰：《汉书（全四册）》，中华书局2012年版。

7.〔后晋〕刘昫撰：《旧唐书（全十六册）》，中华书局1975年版。

8.〔宋〕欧阳修、〔宋〕宋祁撰：《新唐书（全二十册）》，中华书局1975年版。

9.〔清〕张廷玉等撰：《明史（全二十八册）》，中华书局1974年版。

10. 赵尔巽等撰：《清史稿（全十二册）》，中华书局2020年版。

图书在版编目（CIP）数据

纵横天下一张嘴 / 急脚大师著 . -- 北京 : 北京联
合出版公司 , 2025. 4. -- ISBN 978-7-5596-8323-6

Ⅰ . H019-49

中国国家版本馆 CIP 数据核字第 2025C19K54 号

纵横天下一张嘴

作　　者：急脚大师
出 品 人：赵红仕
责任编辑：管　文
封面设计：仙　境
版式设计：张　敏
责任编审：赵　娜

北京联合出版公司出版
（北京市西城区德外大街 83 号楼 9 层　100088）
北京华景时代文化传媒有限公司发行
北京文昌阁彩色印刷有限责任公司印刷　　新华书店经销
字数 160 千字　　880 毫米 ×1230 毫米　　1/32　　9.75 印张
2025 年 4 月第 1 版　　2025 年 4 月第 1 次印刷
ISBN 978-7-5596-8323-6
定价：56.00 元
